JN284278

ネイティブなら
そうは言わない
日本人が習わない英語

デイビッド・セイン＋小池信孝
David Thayne + Koike Nobutaka

はじめに

　ほとんどの人は、文法そして語彙をたくさん学べば英語は話せるようになるはず、と考えるでしょう。しかし残念ながらそれは事実ではないのです。実際に、学校の先生や難しい入学試験を突破した大学生など、文法にも詳しくボキャブラリー知識も豊富だというのに、ごく基本的な会話ができないという悩みを持つ人たちを私は見てきました。

　英語を使ってコミュニケーションをするには、まず、相手の母国の文化や考え方などを知る必要があります。そして、より深いコミュニケーションをとるには、ネイティブが日常会話で使っているようなカジュアルなフレーズなどを知ることです。

　ネイティブの考え方を知るといっても、その常識どおりに行動しろ、彼らの通例にならえ、ということではなく、ただ理解するだけでいいのです。彼らがどんなふうに考えるかがわかると、どんな言葉を発してくるか予測することができるようになります。彼らの常識の傾向をつかんで、カジュアルなフレーズでどんどんコミュニケーションをとってほしい。それがこの本の一番の狙いです。

もちろん本書を読むことで文法の使い方や新たな言葉を学ぶことになるかもしれませんが、それが本書の目的ではありません。ネイティブスピーカーの考え方をより深く理解してもらうことが本書の意図するところです。

　また、文法や語彙の勉強を楽しいと感じる人もいるかもしれませんが、たいていの人にとっては、苦痛を感じる道のりでしょう。試験や学校のテストのために必死で暗記したにもかかわらず、期待した結果とはほど遠かったという苦い思い出はありませんか？　また、必死で勉強をしたのに、ネイティブとまったくコミュニケーションがとれなかった、なんてつらい経験をした人もいるでしょう。その時点でギブアップしてしまう、もしくは英語への苦手意識を持ってしまう人がほとんどでしょう。

　もし、あなたがごく基礎的な文法を理解し、基本的な単語やフレーズをご存じならば、そろそろワンステップ踏み出す時期です。それはネイティブスピーカーにとっての常識を学び、ネイティブが実際に使っているフレーズを知ることです。うれしいことに、この2つは、英語を学ぶ上でもっともおもしろい部分でもあるのです。日本人以外の人にとってどんなことが常識で非常識なのかを、日本のそ

れとどう違うのか比較しながら見ていくと、興味深いことがたくさん出てきます。

　また、人がどう考えているか、どう思うかについて興味をもつのは「人間の本能」「さが」だと思います。ですから、相手の考えやどう感じるかを知ることはとても興味深いものです。知るだけで、あなたのこれまでの世界はより広がり、常識についての考え方もきっと変わるはずです。

　この本の最大の目的は、「英語を学び始めたころのように、英語に興味を持ち始めたころのように、英語を学ぶ楽しさを再発見」してほしいということです。暗記することなどは忘れて、純粋に読み物として楽しんで読み進めてください。
　また、教科書で習ったような型どおりの英語だけで話すのではなく、ネイティブが実生活で使っているような生きた英語をたくさんご紹介します。映画やドラマを見るのもいっそう楽しくなるはずです。きれいなきっちりした英語を話すことはもちろんとても大切なことですが、**一歩踏み込んだコミュニケーションをしたいのであれば、カジュアルなネイティブ英語を身につける必要があります。**気に入ったフレーズがあれば、どんどん使ってください。

I think you'll discover that English is much easier to learn when it's fun and enjoyable.

David Thayne

CONTENTS

● はじめに ——3

Part 1　ネイティブならこう言う It's COOL English!

Chapter 1　日常でさらっと使える COOL ENGLISH! ——20

Q1　そうか、わかった ——21
(a) I got it.　(b) I understood.

Q2　ちょっと手伝ってよ ——23
(a) Please help me.　(b) Could you give me a hand?

Q3　お願いがあるんだけど ——25
(a) I have a request to you.
(b) Could you do me a favor?

Q4　今何時ですか? ——27
(a) What time is it now?
(b) What time do you have?

Q5　あなたの時計では何時ですか? ——29
(a) What time does your watch say?
(b) What time is your watch?

Q6　今日は予定がつまっています ——31
(a) I have a schedule.　(b) I'm busy today.

Q7　モーニングコールをお願いします ——33
(a) I'd like a wake-up call.　(b) Morning call, please.

Q8　お先にどうぞ ——35
(a) After you.　(b) You go first.

Q9 順番を待ってください —37
(a) Wait your turn. (b) Wait for your turn.

Q10 わたしも同じです —39
(a) Same here. (b) I am the same.

Q11 (パーティに誘って…)手ぶらでおいでください —41
(a) Don't bring anything with you.
(b) Just bring yourself.

Chapter 2 ショッピングや食事で役立つ COOL ENGLISH! —44

Q12 これください —45
(a) I'll take this. (b) May I have this, please?

Q13 クレジットカードで払います —47
(a) I will use my credit card. (b) I'll charge it.

Q14 円からドルに両替してください —49
(a) Can you give me dollars for yen?
(b) Could you exchange yen into dollars?

Q15 値引きしてもらえますか? —51
(a) Could you give me a discount?
(b) Discount, please.

Q16 予算オーバーです —53
(a) I don't have enough money to buy this.
(b) That's a little over my budget.

Q17 合計でおいくらですか? —55
(a) What does it come to?
(b) How much is the total price?

Q 18 オレンジジュースのMサイズをください ——57
(a) I want a medium-size orange juice.
(b) Can I get a medium orange juice?

Q 19 コーヒーのおかわりをください ——59
(a) I want more coffee. (b) Could I get a refill?

Q 20 おごりますよ ——61
(a) It's on me. (b) I'll pay here.

Q 21 何か飲みますか? ——63
(a) Would you like something to drink?
(b) Would you like a drink?

Chapter 3
道を訊くにも COOL ENGLISH! ——66

Q 22 あとで銀行に行きます ——67
(a) I'm going to the bank.
(b) I'm going to go to the bank.

Q 23 すぐに戻ります ——69
(a) I'll come back in a minute.
(b) I'll be back in a minute.

Q 24 (人に道を教えて…)簡単に見つかりますよ ——71
(a) You can find it easily. (b) You can't miss it.

Q 25 トイレはどこですか? ——73
(a) Where is the bathroom? (b) Where is the toilet?

Q 26 わたしは家を出た ——75
(a) I left home. (b) I left my home.

Q 27 急いで銀行に行って帰ってきました ——77
(a) I hurried to the bank and back.
(b) I made a quick trip to the bank.

Q 28 **1月に大阪に行きました** ——79
(a) I made a trip to Osaka in January.
(b) I traveled to Osaka in January.

Q 29 **アメリカに行ったことある?** ——81
(a) Have you been to America?
(b) Have you ever been to America?

Q 30 **昨夜、飛行機で来ました** ——83
(a) I flew in last night.
(b) I came here by plane last night.

Chapter 4　小さな違い、どっちが COOL ENGLISH! ——86

Q 31 **わたしはリンゴが好きです** ——87
(a) I like apples. (b) I like apple.

Q 32 **やることが多くて忙しい** ——89
(a) I have a lot of work. (b) I have a lot of works.

Q 33 **わたしは大学生です** ——91
(a) I'm a university student.
(b) I'm a college student.

Q 34 **だれかがドアをたたいています。だれだか知ってますか?** ——93
(a) Somebody is at the door. Do you know who it is?
(b) Somebody is at the door. Do you know who he is?

Q 35 **これはあなたの車のカギですか?** ——95
(a) Is this the key to your car?
(b) Is this the key of your car?

Q 36 **あなたに質問があります** ——97
(a) I have a question to you.
(b) I have a question for you.

Q 37 わたしは運転免許を取るつもりです ——99
(a) I plan on taking a driving license.
(b) I plan on getting a driving license.

Q 38 あなたは高い鼻をしてますね ——101
(a) You have a high nose.
(b) You have a long nose.

Q 39 外は明るいですか? ——103
(a) Is it light outside today?
(b) Is it bright outside today?

Q 40 わたしは気分がよかった ——105
(a) I felt good mood. (b) I felt in a good mood.

Q 41 どの季節がいちばん好きですか? ——107
(a) Which season do you like best?
(b) What season do you like best?

Q 42 カリフォルニアの州都はどこですか? ——109
(a) Where is the capital of California?
(b) What is the capital of California?

Chapter 5 ちょっとした言い回しで COOL ENGLISH! ——112

Q 43 今日遊びに行く時間ある? ——113
(a) Do you have time to play today?
(b) Do you have time to go out today?

Q 44 タバコは吸いますか? ——115
(a) Are you a smoker? (b) Do you smoke?

Q 45 おしゃれですね! ——117
(a) I like your outfit. (b) I like your total fashion.

Q 46 やせたい！——119
(a) I want to lose some weight.
(b) I want to reduce my weight.

Q 47 体重はどれくらいありますか？——121
(a) How much do you weigh?
(b) How heavy are you?

Q 48 どういう意味か、説明してください——123
(a) Please explain yourself.
(b) Please explain what you mean.

Q 49 明日は曇らないと思います——125
(a) I don't think it will be cloudy tomorrow.
(b) I think it will not be cloudy tomorrow.

Q 50 ナンシーは3カ国語を話せる——127
(a) Nancy is able to speak three languages.
(b) Nancy can speak three languages.

● 採点表——129
● CQレベル別英語力診断＆アドバイス——130

Part 2 日本人が知らない英語の常識

Chapter 1 日常会話の常識——134

Q 1 満席のレストランで案内係が客に言う表現は次のどちらですか？——135
(1) There are no seats available.
(2) There are no tables available.

Q2 It's on me.は、どんな場所で聞かれることが多い表現ですか? ——137
(1)フィットネスクラブ (2)レストラン (3)学校

Q3 She is touched.って次のどの意味? ——139
(1)彼女は痴漢にあった (2)彼女は気が変だ
(3)彼女は感動した

Q4 ホテルで待ち合わせをして、「フロントのところで会おうよ」と言いたいときの表現は? ——141
(1)Let's meet at the front.
(2)Let's meet at the front desk.
(3)Let's meet at the lobby.

Q5 You have a big head.と言われたら、あなたはどんな気持ちになるでしょうか? ——143
(1)うれしい (2)腹が立つ (3)小顔の人をうらやましく思う

Q6 もしあなたが女性で、You are a fox.と言われたら、どんな気持ちになりますか? ——145
(1)うれしい (2)とても不愉快
(3)よく考えてみないとわからない

Q7 You'd better shape up. という英語の意味は次のうちどれでしょう? ——147
(1)シェープアップしなさい (2)ちゃんとヒゲを剃りなさい
(3)しっかりやりなさい

Q8 We exchanged words.とは、どんな意味でしょう? ——149
(1)ケンカした (2)あいさつを交わした (3)約束した

Q9 The tension was high in the room.というとき、この部屋の雰囲気は? ——151
(1)元気いっぱい。みんな大声で爆笑中
(2)張りつめていて険悪なムード
(3)全員落ち込んでいて言葉も出ない

Q10 That's a lovely tie.というあなたの言葉を聞いた
アメリカ人男性。さて、彼の反応は?——153
(1)喜ぶ (2)ぎょっとする

Chapter 2　単語の常識 ——156

Q11 plastic milkってどんなもの? ——157
(1)製品をつくるために溶かしたプラスチック
(2)カクテルの名前 (3)粉ミルク

Q12 busboyとはある職業の呼び名ですが、
どんな職業のことでしょう? ——159
(1)映画のスタントマン (2)レストランの皿洗い
(3)バスの車掌

Q13 earwaxとは何のことでしょう? ——161
(1)耳あか (2)耳の洗浄液 (3)耳せん

Q14 toe jamとは何のことでしょう? ——163
(1)果物のジャム (2)足の指の間のあか (3)靴磨き剤

Q15 a big hand(大きな手)とa little hand(小さな手)が
いっしょにあるところはどこでしょう? ——165
(1)劇場 (2)学校 (3)時計

Q16 practicing doctorとはどんな医者のこと? ——167
(1)開業医 (2)研修医 (3)手術を担当する医者

Q17 sideburnsって何のこと? ——169
(1)ほおのやけど (2)脇腹の傷 (3)もみあげ

Q18 nighter は和製英語? それとも本来の英語? ——171
(1)英語 (2)和製英語 (3)どちらでもない

Q19 teeter-totterとは何ですか? ——173
(1)シーソー (2)ティーカップの種類 (3)歯磨き粉

Q 20 Mickey Mouse computerとは何ですか？——175
(1)かわいいコンピューター (2)壊れたコンピューター
(3)安っぽいコンピューター

Q 21 Uncle Samとはだれのことですか？——177
(1)アメリカ大統領 (2)アメリカ人 (3)ジョージ・ワシントン

Q 22 wisdom teethってどんな「歯」のこと？——179
(1)八重歯 (2)乳歯 (3)親知らず

Chapter 3 熟語の常識——182

Q 23 He's gone to a better place. と言った場合、
その人はどうなったのでしょう？——183
(1)外国へ行った (2)亡くなった (3)結婚した

Q 24 red-eye flightとは何のことでしょう？——185
(1)高所恐怖症 (2)夜間飛行 (3)飲酒運転

Q 25 It sounds Greek to me. って
いったいどういう意味？——187
(1)外国語はわかりません
(2)あなたの言っていることが全然わかりません
(3)あなたの言い回しは古くさい

Q 26 It's not worth a hill of beans.というと
どんな意味ですか？——189
(1)まったく価値がない (2)量が少ない

Q 27 I want those shoes in the worst way.って
どういう意味？——191
(1)もっと安い値段でその靴が買いたい
(2)その靴を左右反対に履きたい
(3)ものすごくその靴がほしい

Q 28 get a pink slipとはどんな意味ですか？ ——193
(1) ピンクのスリップをプレゼントされる
(2) 経営が赤字になる (3) 会社を解雇される

Q 29 have black eyesとは、どういう意味でしょう？ ——195
(1) 黒い瞳をしている (2) 目の周りにあざができている
(3) ものを見る目が鋭い

Q 30 IOUとはどんな意味ですか？ ——197
(1) あなたを愛しています (2) あなたに借りがあります
(3) あなたのことを怒っています

Chapter 4　日常生活の常識 ——200

Q 31 Jack met Mary on the street.と聞いたとき、
メアリーの職業は何かわかりますか？ ——201
(1) 秘書 (2) キャンペーンガール (3) 売春婦

Q 32 Bill needs professional help.というとき、
ビルはだれの助けを求めているのでしょう？ ——203
(1) 警官 (2) 精神科医 (3) 弁護士

Q 33 a buckと言えば、何ドルのことですか？ ——205
(1) $1 (2) $1,000 (3) $1,000,000

Q 34 back seat driverとはどんな人ですか？ ——207
(1) 文句の多い同乗者 (2) 地図を見てくれる同乗者
(3) チャイルドシートの幼児

Q 35 あなたには、何人のgreat-grandparentsが
いるでしょう？ ——209
(1) 4 (2) 8 (3) 16

Q36 この sign(サイン=標識)は
どういう意味だかわかりますか？——211
(1)ペドキシン倉庫につき注意 (2)前方に横断歩道あり
(3)体育学博士優先

Q37 次の単語は下の3つの選択肢の
どれに関係のあるものでしょう？
John, powder room, the white throne ——213
(1)レストラン (2)オフィス (3)トイレ

Q38 piggy tailとは何ですか？——215
(1)ブタの尻尾 (2)食べ物 (3)髪形

Q39 Xマークは英語ではどんな意味がありますか？——217
(1)成人映画 (2)不正解

Q40 XYZと言えば、どんな意味になるでしょう？——219
(1)またね！ (2)チャックが下がってるよ (3)超かわいい！

Chapter 5　英語文化の常識 ——222

Q41 Harri-kerriの意味は？——223
(1)親友 (2)自殺 (3)犬の種類

Q42 招待状にRSVPと書いてありました。
どういう意味ですか？——225
(1)お返事をお願いいたします
(2)お早めにおいでください (3)ブランデーの種類

Q43 「四季」を英語で言うときは、
どの順番が正しいでしょうか？——227
(1)spring, summer, fall, winter
(2)winter, spring, summer, fall
(3)summer, fall, winter, spring

Q44 アメリカで幽霊を見るとしたら、
絶好のシーズンはいつでしょう？——229
(1) spring (2) summer (3) fall (4) winter

Q45 Robertのニックネームは次のどちらですか？——231
(1) Rich (2) Bob

Q46 アメリカ人と英国人から同時に「a billion yenであなたを
雇うよ」と言われたら、どちらの会社で働きますか？——233
(1) アメリカ人の会社 (2) 英国人の会社

Q47 American coffeeを発明したのはどこの国の人？——235
(1) アメリカ人 (2) 日本人 (3) コロンビア人

Q48 アメリカでは、車の運転免許は何歳で
取得できるようになる？——237
(1) 16歳 (2) 18歳 (3) 20歳

Q49 Whoと鳴く鳥は次のうちどれでしょうか？——239
(1) カラス (2) ウグイス (3) フクロウ

Q50 英語では、緑(green)は何を象徴する色でしょう？——241
(1) 健康 (2) 嫉妬 (3) 危険

- 採点表——243
- EQレベル別英語力診断＆アドバイス——244
- あとがき——246

column

1 Have you heard this one? と言われたら、どう答えますか…——43
2 Are you happy now? と言われたら、どう答えますか…——65
3 Do you want to step outside? と言われたら、どう答えますか…——85
4 Hello. と言われたら、どう答えますか…——111
5 日本とアメリカ、新年の違い——155
6 「おやすみなさい」の英会話——181
7 知らない人に話しかけられたら——199
8 "How are you?"と問われて"Fine, thank you." はNot cool!——221

Part 1

ネイティブならこう言う
It's COOL English!

英語のネイティブ・スピーカーと話をしたことがある人なら、そのときに「自分の英語はきちんと通じるんだ!」と自信をもった人も多いはず。自分の言いたいことが、初めて英語で伝えられたときの喜び、英会話を身につけようとしている人なら、誰にでも経験ありますよね。

　でも、通じるだけで満足していたら、いつまでたってもそれより上には進めません。文法的に正しいだけでは、結局はカタコトのまま。それより上をめざして、よりネイティブっぽい英語を覚えたいとは思いませんか?

　どの言語にもいえることですが、英語の場合も、ひとつのことを伝えるのに何通りもの異なった言い方ができます。その中で、どの言い方がもっとも自然で、その場の状況に適しているものなのかは、かなりの経験者でもなかなかわからないものなのです。さて、どうしたらいいのやら? そんなときには、ネイティブの話すクールな表現を真似てみるのが一番です。

　Part1では、ネイティブが日常的によく使うクールな表現を、クイズ形式で紹介していく形をとっています。二つの文を見比べて、どちらがよりネイティブらしい自然な表現なのかを考えてください。

　50問すべてに答えると、あなたのIQ(知能指数)ならぬCQ(Cool Quotient)、つまり「クール指数」を測ることができるという嬉しいおまけもついています。各質問は、易しいものからA、B、Cと3つの難易度が決められていて、難易度によって得点が割り振られています。すべての質問に答え終わったら得点を加算して、さっそくあなたのCQを測ってみましょう。最後の「CQレベル別英語力診断&アドバイス」も、これからの参考にどうぞ。

Chapter1
日常でさらっと使える
COOL ENGLISH!

Q1

そうか、わかった

Which is COOL? ▶ ▶ ▶

a
I got it.

---

b
I understood.

▶ ▶ ▶ さて、a、bどちらでしょうか？

難易度

A

A1 正解 a ●この問題の得点 1 点

I got it.

「ああ、そうか」「なるほどね」と、相手の言っていることを理解したときに、ふと口をついてでる一言が I got it. です。これは

   I got what you are trying to tell me.

を短くした形で、とてもよく使われています。ネイティブなら、I understood. とは言いません。

ネイティブの会話では、例えばこんなふうに使います。

A

Did you get it?
(どう？ 言っていることわかった?)

B

Yeah, I got it.
(うん、わかった)

その他のクールな表現

I got you. (I gotcha.)
そうか、わかった

Now I see.
なるほどね

I get your point.
わかったよ

Now it makes sense.
それならよくわかるよ

Q2

ちょっと手伝ってよ

Which is COOL? ▶▶▶

a
Please help me.

---

b
Could you give me a hand?

▶▶▶ さて、a、bどちらでしょうか?

難易度

Ⓑ

A2　正解 b　●この問題の得点 ②点

Could you give me a hand?

「ちょっと手を貸してくれる?」「ちょっと手伝って」と、ちょっとした手伝いを頼むとき、ネイティブが Please help me. と言うことはまずありません。これは何か深刻な頼みごとをするときによく使われる表現で、「お願い、助けて!」と、せっぱつまった状況で助けを懇願しているようなニュアンスになります。

ちょっと手を貸してほしいだけなら、

Could [Would] you give me a hand?

と言えばオーケーです。

help という単語を使うなら、

Could you help me out?

とすれば、「ちょっと手伝ってもらえる?」といった軽い感じになります。最後に out を付けずに

Could you help me?

だけになると、Please help me. と同じく、相手に深刻な感じを与えてしまいます。

その他のクールな表現

Give me a hand.
ちょっと手を貸して

Could you lend me a hand?
ちょっと手を貸してくれる?

Could I borrow you for a minute?
ちょっといいかな?

Q3

お願いがあるんだけど

Which is COOL? ▶▶▶

a
I have a request to you.

---

b
Could you do me a favor?

▶▶▶ さて、a、bどちらでしょうか？

難易度

Ⓑ

A3 　正解 b 　●この問題の得点 ②点

Could you do me a favor?

　簡単な頼みごとをするのに、ネイティブが I have a request to you. と言うことはありません。request はどちらかというと文書で使われることが多く、聞いた人に改まった印象を与える単語なのです。

　普段の会話なら、request ではなく favor という単語を使って、
　Could you do me a favor?
という言い方をするのがベスト。これは「ちょっとお願いがあるんだけど」「お願いしていい?」といったニュアンスのやわらかい一言です。

　答え方としては、Sure.（ええ、いいですよ）、No problem.（ええ、構いませんよ）などが一般的。It depends.（お願いによりますけどね）なんてのも覚えておくといいかもしれません。

その他のクールな表現

Would you do me a favor?
ちょっと頼んでもいいかな?

I have a favor to ask.
頼みたいことがあるんだけど

Would you mind doing me a favor?
お願いしちゃって構わないかな?

Q4

今何時ですか?

Which is COOL? ▶▶▶

ⓐ What time is it now?

ⓑ What time do you have?

▶▶▶ さて、a、bどちらでしょうか？

難易度

Ⓒ

| Part1 | Chapter1 | 日常でさらっと使えるCOOL ENGLISH! |

A4　正解 b　●この問題の得点 ③ 点

What time do you have?

　見知らぬ人に時間をたずねるとき、ネイティブは What time do you have? という表現をよく使います。What time is it now? は「今は何時ですか?」というニュアンス。つまり、これは何度目かに時間をたずねるときの言い方で、初めて時間をたずねるときにネイティブが使うことはないのです。

　だからといって now をとればいいというわけではありません。What time is it? は親しい友人に使うなら問題ありませんが、初対面の人に対して使うにはカジュアルすぎるし、また唐突すぎます。こうした言い方を使うのは、次のような会話です。

A What time is it?
(何時?)

B It's 5:15.
(5時15分だよ)

A What time is it now?
(今は何時?)

B It's 5:20. You just asked me five minutes ago.
(5時20分。5分前に聞いたばかりじゃないか)

Q5

あなたの時計では何時ですか?

Which is COOL? ▶▶▶

a
What time does your watch say?

---

b
What time is your watch?

▶▶▶ さて、a、bどちらでしょうか?

難易度

B

A5

正解 a ●この問題の得点 **2** 点

What time does your watch say?

　What time is your watch? は、実は「あなたの監視は何時ですか?」という意味なのです。こんなことを言うのはガードマンか軍人くらいのものです。ただ、常識から判断できるので、言おうとしていることは伝わるでしょう。

　ネイティブなら What time does your watch say? という言い方をします。時計なのに say (しゃべる) とは、なんだか不思議な感じがしますが、英語はもともと不思議な言葉なのです。こういったネイティブっぽい言い回しはぜひ覚えておきたいものですね。

　また、時間をたずねるときネイティブがよく使う表現に
　Do you have the time?（時間わかりますか?）
があります。この場合、必ず冠詞の the を忘れずにつけるようにしてください。Do you have time? では「ねえねえ、遊ばない?」と異性を誘う一言になってしまいますよ!

Q6

今日は予定がつまっています

Which is COOL? ▶▶▶

a
I have a schedule.

---

b
I'm busy today.

▶▶▶ さて、a、bどちらでしょうか?

難易度

Ⓒ

A6　正解 b　●この問題の得点 3 点

I'm busy today.

　schedule は「予定表」「日程表」といった意味で使われることが多い単語です。「今日は予定があります」と言うつもりで I have a schedule. とネイティブに向かって話しても、言いたいことは伝わらないかもしれません。schedule という単語を使うなら、
　My schedule is full today.（今日は予定表がぎっしりです）
といった表現であればオーケーです。
　その日の予定をたずねられたときの答え方としては、
　I have an appointment today.（今日は約束があります）
といった言い方も考えられますが、やはりシンプルな I'm busy today. がもっともネイティブらしい答え方でしょう。

　ちなみに、「システム手帳」は英語で date book や day planner と言います。アメリカのシステム手帳は日本ほど種類が多くなく、サイズも日本のものより大きめです。

Q7

モーニングコールをお願いします

Which is COOL? ▶▶▶

a
I'd like a wake-up call.

---

b
Morning call, please.

▶▶▶ さて、a、bどちらでしょうか?

難易度

Ⓐ

A7　正解 a　●この問題の得点 1 点

I'd like a wake-up call.

「モーニングコール」は、ネイティブなら wake-up call と言うのが一般的です。morning call でも問題なく通じますが、こちらはネイティブ流ではありません。

また、フロントに電話してモーニングコールを頼むときには、I'd like...（〜をお願いしたいのですが）という表現を使って、

I'd like a wake-up call.（モーニングコールをお願いできますか）

とするのがさりげなくてクールな言い方。しっかり覚えて使ってみましょう。

Could I get a wake-up call?（モーニングコールしてもらえますか?）という言い方もよく使います。

ホテルのフロントに電話をかけて

A Front desk.
（はい、フロントです）

B I'd like a wake-up call.
（モーニングコールお願いします）

A For what time?
（何時にいたしましょう?）

B At 6:00.
（6時にお願いします）

A Certainly, sir.
（かしこまりました）

Q8

お先にどうぞ

Which is COOL? ▶▶▶

ⓐ
After you.

ⓑ
You go first.

▶▶▶ さて、a、bどちらでしょうか?

難易度

Ⓒ

| Part1 | Chapter1 | 日常でさらっと使えるCOOL ENGLISH! | 35

A8

正解 a　●この問題の得点 ③ 点

After you.

　You go first. は「お前が先に行け」と、命令しているようなニュアンス。広場で遊ぶ子どもたちが使いそうな表現です。You first. と短く言うこともあります。

A Can you climb to the top of this tree?
（お前、この木のてっぺんまでのぼれるか?）

B You go first.
（だったら、お前が先にのぼってみろよ）

　After you. は、I'll go after you.（あなたの後から行きます）を短くした形で「お先にどうぞ」のニュアンスです。ドアを手でおさえて、後ろから来る人を先に通すときなどによく使われます。丁寧な、とてもよく使われるフレーズなので、しっかりと覚えてスマートに使いたい一言です。

・・・

Would you like to go first?
（先にお入りになられますか?）

Please go ahead.
（どうぞ、どうぞ）

Q9

順番を待ってください

Which is COOL? ▶▶▶

a
Wait your turn.

---

b
Wait for your turn.

▶▶▶ さて、a、bどちらでしょうか?

難易度

Ⓑ

A9

正解 a　●この問題の得点 **2** 点

Wait your turn.

　wait for... は「～を待つ」という意味でおなじみの基本イディオムですね。次のように使います。

・・・

Let's wait for John.
ジョンを待ちましょう

We are waiting for the bus.
わたしたちはバスを待っています

　しかし、ネイティブが Wait for your turn. と言うことはありません。例外的に「順番を待ってください」と言うときに限り、Wait your turn. と、for を省いて言うのが普通なのです。逆にいうと、Wait your... とくれば、それに続くのは turn しかない、ということになります。

Q 10

わたしも同じです

Which is COOL? ▶▶▶

a
Same here.

---

b
I am the same.

▶▶▶ さて、a、bどちらでしょうか?

難易度

Ⓒ

A 10

正解 a　　●この問題の得点 3 点

Same here.

「わたしも同じ（気持ち）です」と、自分も相手と同じように思っていることを伝えたり、「こちらも同じ状態です」と、自分が相手と同じような状態にいることを伝えるときなどに、ネイティブは Same here. という短いフレーズをよく使います。I am the same. でも、言いたいことは伝わるかもしれませんが、ネイティブがそのような言い方をすることはありません。

同じ気持ちの場合

A I'm thinking about quitting. I hate the boss.
（もう会社を辞めようと思うんだ。上司が嫌でね）

B Same here.
（ぼくもだよ）

同じ状態の場合

A It's cold here.
（こっちは寒いよ）

B Same here.
（こっちもだよ）

Q11

(パーティに誘って…)
手ぶらでおいでください

Which is COOL? ▶ ▶ ▶

a
Don't bring anything with you.

---

b
Just bring yourself.

▶ ▶ ▶ さて、a、bどちらでしょうか?

難易度

Ⓑ

A11　正解 b　●この問題の得点 2 点

Just bring yourself.

　Don't bring anything with you. は、上司が部下に「何ももってくるな」と命令しているようなニュアンス。これは明らかにパーティのお誘いで使うような表現ではありません。

　人をパーティに招待するときにネイティブがよく使うのが、

Just bring yourself.

という表現です。直訳すると「体ひとつで来てください」、転じて「手ぶらでおいでください」のニュアンスになります。

A We're having a barbeque on Saturday. Can you come?
（土曜にバーベキューをするんだ。来られる?）

B Sure. Is there anything I can bring?
（ええ。何かもっていきましょうか?）

A Just bring yourself.
（手ぶらで来て）

その他のクールな表現

Just bring your smile.
笑顔だけ忘れずにもってきて

Don't worry about it.
お気遣いはしないでください

We'll take care of everything.
全部用意してあるから

Could you pick up a bottle of wine?
ワインを1本選んできてくれる?

column 1

Have you heard this one? と言われたら、どう答えますか…

　Have you heard this one? は「これ、聞いたことある?」という意味ですが、この one（これ）はつねに「ジョーク」のことを指しています。そして、おかしな話ですが、これはつねに No.（いいえ）という答えが返ってくることを前提に使われるフレーズなのです。それを知らずに Which one?(どの話のこと?)なんて答えれば、ここで会話は終わってしまいます。この No. は実際には「え、何？　どんなジョーク？」のようなニュアンスなのです。

A Have you heard this one?
（これ、聞いたことある?）

B No.
（どんなの？）

A What's the difference between a dead dog in the road and a dead lawyer in the road?
（道路に転がっている犬の死体と弁護士の死体、違いは何だ?）

B I don't know.
（わからないな）

A There are skid marks in front of the dog.
（犬の死体の前にはスリップ痕があるのさ）

Chapter 2

ショッピングや食事で役立つ
COOL ENGLISH!

Q 12

これください

Which is COOL? ▶▶▶

a
I'll take this.

---

b
May I have this, please?

▶▶▶ さて、a、bどちらでしょうか?

難易度

Ⓑ

A 12

正解 **a** ●この問題の得点 **2** 点

I'll take this.

　買い物するとき、ネイティブは I'll take this. という表現をよく使います。これは「これちょうだい」「これいただくわ」といったニュアンスの、とても自然でさりげない言い方です。海外で買い物するなら、やはりクールにかっこよくキメたいですね。I have this. もよく使われます。これもやはり「これください」という意味で使用頻度大です。必ず覚えましょう。これはレストランなどでメニューを指差して使うこともできますよ。

その他のクールな表現

I'll have this.
これにします

I've got to have this.
これはぜひいただきます

I'll take it.
それください

　店員に「これください」と言うのに、May I... といった表現を使うと、丁寧すぎてとても不自然に聞こえます。買い物するのに、店員に許可を求める必要なんてありませんよね。
　また、This please. といった言い方をしている人をよく見かけますが、これはカタコト英語の王道的表現！　ぜひとも避けたいものです。

Q 13

クレジットカードで払います

Which is COOL? ▶▶▶

a
I will use my credit card.

---

b
I'll charge it.

▶▶▶ さて、a、bどちらでしょうか?

難易度

Ⓑ

A 13

正解 **b**　　●この問題の得点 **2** 点

I'll charge it.

　ネイティブがカードで支払いをするときにとてもよく使う表現が、(b)の　I'll charge it. です。charge は「つけで買う」という意味。カードをスッと差し出して、I'll charge it. と言えば、とても買い物慣れした感じに聞こえます。さりげなく言ってみましょう。

　また、

Do you take cards?

もネイティブの間でよく使われるフレーズのひとつです。これは「クレジットカードは使えますか?」とたずねる表現ですが、今ではどこでもカードが使えるので、このように言えば「カードで払います」と同じニュアンスになります。

その他のクールな表現

Do you take plastic?
カードは使えますか?

Cash or charge?
お支払いは?

I'll be using my card.
カードで払います

Q 14

円からドルに両替してください

Which is COOL? ▶▶▶

a
Can you give me dollars for yen?

---

b
Could you exchange yen into dollars?

▶▶▶ さて、a、bどちらでしょうか？

難易度

C

A14

正解 a ●この問題の得点 3 点

Can you give me dollars for yen?

(b) の Could you exchange yen into dollars? も問題なく理解してもらえる正しい英語ですが、ネイティブがこのような言い方をすることはまずありません。

海外旅行中にお金を両替する場合、当然そこは空港にある銀行や両替所の窓口なわけですから、あなたが何をするためにやって来たのかはだれの目にも明らかです。そこで多くを語る必要はないのです。Can you give me dollars for yen? や Dollars for yen.（円からドルに）と言うだけで十分。あえてexchange（両替）という言葉を口にするまでもありませんね。

また、現地のお金に両替するときには、I'd like to buy dollars.（ドルを買いたいのですが）、I'd like to buy pesos.（ペソを買いたいのですが）といった言い方もよく使われます。こちらもとてもネイティブっぽい言い方です。覚えておきましょう。

その他のクールな表現

Dollars for yen.
円からドルに

I'd like to buy dollars.
ドルを買いたいのですが

I need dollars.
I'd like to get dollars.
ドルにしてください

Q 15

値引きしてもらえますか?

Which is COOL? ▶▶▶

a
Could you give me a discount?

---

b
Discount, please.

▶▶▶ さて、a、bどちらでしょうか?

難易度

Ⓑ

A 15

正解 a ●この問題の得点 **2** 点

Could you give me a discount?

　店員さんに値引きをお願いするのに、いきなり Discount, please. では唐突すぎます。これは「値引きお願いね」のようなニュアンス。必ず値引きしてくれるような店ならまだしも、そうでない場合はこういった言い方はしません。

　ネイティブは Could you give me a discount? をよく使います。「値引きしていただけます?」「ちょっとおまけしてもらえません?」のようなニュアンス。やはり値引きをお願いするわけですから、相手がその気になってくれるような印象のよい表現を選びたいですね。

その他のクールな表現

Can you drop the price a little?
ちょっとまけてくれない?

Is there any room to bargain?
まけてもらうことはできるかしら?

Can you give me a little better price?
もうちょっと安くならない?

Is the price fixed?
それ以上安くならないの?

Q 16

予算オーバーです

Which is COOL? ▶ ▶ ▶

a
I don't have enough money to buy this.

---

b
That's a little over my budget.

▶ ▶ ▶ さて、a、bどちらでしょうか？

難易度

Ⓑ

| Part1 | Chapter2 | ショッピングや食事で役立つCOOL ENGLISH! |

A 16　　正解 b　　●この問題の得点 ② 点

That's a little over my budget.

　買い物中、ほしいものが見つかったけれども手持ちのお金が少し足りない…。そんなときネイティブなら That's a little over my budget.（ちょっと予算オーバーだな）という表現をよく使います。

　I'm a little short on funds right now.（今は手持ちが少し足りないな）
も、同じくよく使われますので、覚えておきましょう。どちらもさりげなく使いたい一言です。

　I don't have enough money to buy this.（これを買うにはお金が足りません）でも十分意味は通じますが、ネイティブならこうは言いません。ちょっとストレートすぎるかも…。

Q 17

合計でおいくらですか?

Which is COOL? ▶▶▶

ⓐ
What does it come to?

ⓑ
How much is the total price?

▶▶▶ さて、a、bどちらでしょうか?

難易度

Ⓑ

A 17   正解 a   ●この問題の得点 2 点

What does it come to?

　買い物したときや、レストランで食事したとき、レジで合計金額をたずねますよね。このとき、How much...? という表現をネイティブが使うことはあまりありません。それでも、日本人にはとてもなじみのある表現ですから、ついつい How much...? と言ってしまいそうです。

　商品の値段をたずねるときならこの言い方でもオーケーですが、レジで総額をたずねるときには、What does it come to? がネイティブらしい表現です。

　What's the total?（全部でおいくら?）
もよく使います。

お店のレジにて…

A What does it come to?
（合計でおいくらですか?）

B It comes to $43.39.
（43ドル39セントになります）

　ちなみにレストランで別々に払いたいときには

　Can we have separate checks?（勘定を別にしてもらえますか?）
と言えばオーケーです。

Q 18

オレンジジュースのMサイズをください

Which is COOL? ▶▶▶

a
I want a medium-size orange juice.

---

b
Can I get a medium orange juice?

▶▶▶ さて、a、bどちらでしょうか?

難易度

Ⓐ

A 18

正解 b　　●この問題の得点 **1** 点

Can I get a medium orange juice?

　飲み物などを注文するときにネイティブがよく使う表現のひとつが Can I get...? という表現です。そのほかに、次のような言い方もよく使われます。
　Can I have...?
　Give me... please.
　I'll have....
「〜をください」のような日常的に使う頻度が高い表現ほど、このようにgive, have, get といった基本動詞を使って言い表すことが多くなることを覚えておきましょう。
　飲み物や食べ物を注文するときに I want... という言い方はまずしません。これはとても子どもっぽい言い方で、「〜が食べたいよう」「〜が飲みたいよう」とだだをこねているようなニュアンスです。

Q 19

コーヒーのおかわりをください

Which is COOL? ▶▶▶

a
I want more coffee.

---

b
Could I get a refill?

▶▶▶ さて、a、bどちらでしょうか？

難易度

Ⓐ

A19　正解 b　●この問題の得点 ① 点

Could I get a refill?

「〜をもらえますか?」「〜をください」とレストランなどで店員に頼むときには、Could I get...? という表現をネイティブはよく使います。「おかわり」はrefill ですから、Could I get a refill? で「(コーヒーの)おかわりをください」となります。この表現には coffee がでてきませんが、レストランで refill と言えばコーヒーのおかわりのことなので、すぐにわかってもらえます。

アメリカでは、コーヒーのおかわりは無料なのが普通です。店員さんがテーブルを回り、希望する人には何度でもコーヒーを注ぎ足してくれます。この表現をしっかりと覚えて、さりげなく使ってみましょう。

ちなみに、水を注ぎ足してもらうときには Can I have some water, please?(お水をください)と言うのが普通です。これも使う機会が多い表現なので覚えておきましょう。

Q 20

おごりますよ

Which is COOL? ▶▶▶

a
It's on me.

---

b
I'll pay here.

▶▶▶ さて、a、bどちらでしょうか？

難易度

B

| Part1 | Chapter2 | ショッピングや食事で役立つCOOL ENGLISH! |

A 20

正解 a ●この問題の得点 **2** 点

It's on me.

「わたしがおごりますよ」と言うときに、ネイティブがとてもよく使う表現が It's on me. です。

I'll pay here. は「ここはわたしが払います」のニュアンスで、そこには「次はあなたが払ってください」のような含みがあるように聞こえてしまいます。聞いた人はあまりいい気持ちはしませんよね。

レストランでよく見かける風景…

A Here's the check. I'll take care of it.
（ああ、勘定がきた。ぼくにまかせといて）

B No, it's on me.
（いいよ、ぼくがおごるよ）

A Let me get it.
（いいから、払わせて）

B No, I insist.
（いえ、本当に）

ちなみに、「勘定書き」は英語で tab, bill, check といったいくつかの呼び方があります。

Q 21

何か飲みますか?

Which is COOL? ▶▶▶

a
Would you like something to drink?

---

b
Would you like a drink?

▶▶▶ さて、a、bどちらでしょうか?

難易度

Ⓒ

| Part1 | Chapter2 | ショッピングや食事で役立つCOOL ENGLISH! |

A 21 正解 a ●この問題の得点 3 点

Would you like something to drink?

　どちらもよく使われる表現ですが、ネイティブはこの二つの表現を使い分けています。Would you like something to drink? と言ったときには、酒類もそうでない飲み物も含まれますが、Would you like a drink? と言ったときには、酒類のみを指しています。

　同じように、
　Let's go get something to drink.
と言えば、「何か飲み物を買いにいこう」、
　Let's go get a drink.
と言えば、「酒を買いにいこう」という意味になるわけです。

会話例 1

A Would you like a drink?
（お酒は何を?）

B I don't drink. Do you have any soft drinks?
（お酒は飲まないんです。ジュースはありますか?）

会話例 2

A Would you like something to drink?
（お飲み物は?）

B Sure, what do you have?
（もらいます、何があるんですか?）

A We have soda, iced tea, and grapefruit juice.
（ソーダ、アイスティ、グレープフルーツジュースがあります）

column 2

Are you happy now? と言われたら、どう答えますか…

　Are you happy now? は、幸せかどうかをたずねているわけではありません。これは完璧ないやみの一言なのです。Are you happy? の後ろに now がつくと、一転して「さぞや満足でしょうね」のようなニュアンスに変わってしまうのです。これは、注意を受けていたにもかかわらず、こりもせずに同じ間違いを繰り返してしまった人などに、皮肉を込めて放ついやみの一言です。そうなれば、考えられる答えは No. しかありませんね。でも、嫌がらせのつもりでわざと失敗したのなら、Yes. と答えればいいわけです。

A Don't push this key.
（このキーを押さないように）

B Okay.
（はい）

B は注意されたにもかかわらず
キーを押してデータを消してしまう…

A Are you happy now?
（さぞや満足だろうな）

Chapter 3

道を訊くにも
COOL ENGLISH!

Q 22

あとで銀行に行きます

Which is COOL? ▶▶▶

a
I'm going to the bank.

---

b
I'm going to go to the bank.

▶▶▶ さて、a、bどちらでしょうか?

難易度

Ⓒ

A22

正解 b ●この問題の得点 ③ 点

I'm going to go to the bank.

　一見すると同じ意味のように見えますが、ネイティブはこの二つをきっちりと使い分けています。

　I'm going to... は、すぐに行動を起こすときや、すでに行動を起こしているときに使われます。I'm going to the bank. は「今から銀行に行きます」「銀行に向かっています」といったニュアンス。

　I'm going to go to... は、行動を起こすまでにまだしばらく時間があるときに使われる表現です。I'm going to go to the bank. は「あとで銀行に行きます」のニュアンス。

　例えば、パリへ旅行するとしましょう。明日にでも出発するなら I'm going to Paris.（パリに行ってきます）と言い、出発するのが来年の話なら I'm going to go to Paris.（今度パリに行くことになったんです）と言うのがネイティブ流なのです。

　なおここで、will と be going to の使い分けについても知っておきましょう。
　例えば、
　I will take a day off today.
とすれば、「今日は何がなんでも休むぞ」という強い意志が表れた文になり、
　I'm going to take a day off today.
だと「今日はお休みします」といった軽いニュアンスになるというわけです。

Q 23

すぐに戻ります

Which is COOL? ▶▶▶

a
I'll come back in a minute.

---

b
I'll be back in a minute.

▶▶▶ さて、a、bどちらでしょうか?

難易度

B

A23　正解 b　●この問題の得点 ②点

I'll be back in a minute.

　すぐに戻ってくるなら I'll be back in a minute. がよりネイティブらしい言い方です。I'll come back... は戻ってくるのにある程度の時間がかかる場合や、戻るのに努力を要する場合、簡単には戻ってこられない場合に使われることが多い表現です。

　例えば、次のように言います。

・・・

I'll come back next year.
来年また戻ってきます

I'll come back if I can.
できたらまた戻ってきます

I'll come back if I'm still alive.
まだ生きていたらまた戻ってきます

　一方、be back は楽に戻ってこられる場合や、戻るのにあまり時間がかからない場合に使われるのが普通です。例えば、Aさんが I'll be right back. と言い、Bさんが I'll come right back. と言って出ていったとします。この場合、AさんがBさんより早く帰ってくるのだと予測することができます。

Q 24

(人に道を教えて…)
簡単に見つかりますよ

Which is COOL? ▶▶▶

ⓐ
You can find it easily.

ⓑ
You can't miss it.

▶▶▶ さて、a、bどちらでしょうか?

難易度

Ⓑ

| Part1 | Chapter3 | 道を訊くにもCOOL ENGLISH! |

A24

正解 b　　●この問題の得点 ② 点

You can't miss it.

　人に道をたずねられ、その人が行こうとしている場所がとても目立つ大きな建物だったとします。そんなとき、ネイティブが道を教えたあとでしばしば言い添える言葉が You can't miss it.（簡単に見つかりますよ）です。直訳すると「見逃すはずがありませんよ」となります。

　You can find it easily. でも確かに問題なく通じますが、これはネイティブの耳には少し不自然に聞こえます。また、この言い方だと「あなたなら簡単に見つけられますよ」という意味にも取れます。

　easily は日本の皆さんがよく使う単語ですが、ネイティブ同士の日常会話ではあまり使われていないのが現実。例えば、

　I can understand him easily.（彼の言うことを理解するのは簡単だ）
とは言わずに、

　It's easy to understand him.
とするのがネイティブ流です。

その他のクールな表現

You'll run right into it.
迷うことはありませんよ

It sticks out like a soar thumb.
すごく目立ちますから

Q 25

トイレはどこですか?

Which is COOL? ▶▶▶

a
Where is the bathroom?

---

b
Where is the toilet?

▶▶▶ さて、a、bどちらでしょうか?

難易度

A

A 25　正解 a　●この問題の得点 1 点

Where is the bathroom?

　厳密に言うと、アメリカでは（a）が正解、英国では（b）が正解となります。

　アメリカでは、toilet というと「便器そのもの」を指します。したがって、（b）の Where is the toilet? は、アメリカで使うと「便器はどこですか?」という意味になってしまうのです。これはあまり上品とは言えませんね。気をつけましょう。

　アメリカでは bathroom、または restroom がよく使われます。そのほかにもよく使われる言い方がいくつかあるので見てみましょう。

・・・

Where's the men's room?
男子用トイレはどこですか?

Where's the women's room?
女子用のトイレはどこですか?

Where's the (public) restroom?
トイレはどこですか?

Where's the John?
トイレどこ?（男性のみの表現なので注意!）

I need to freshen up.
トイレ行きたいんだけど

Q 26

わたしは家を出た

Which is COOL? ▶▶▶

ⓐ
I left home.

ⓑ
I left my home.

▶▶▶ さて、a、bどちらでしょうか？

難易度

Ⓑ

A 26 正解 a ●この問題の得点 2 点

I left home.

　どちらも正しい英語ですが、ネイティブが使うのは I left home. です。会話中、my をできるだけ省いて話すのがネイティブ流。

　では、次の文はどうでしょう?
The book is at home.
The book is at my home.

　こちらもやはりネイティブが使うのは The book is at home. (本は家にあります) です。ただし、話題にのぼっている「家」がひとつだけではない場合には、他の家と自分の家とを区別するために my を付けることもあります。例えば、次のようなときです。

A Where is the book? Maybe I left it at home.
(本はどこだろう? 家に置いてきちゃったのかな)

B No, I have it. It's at my home.
(ぼくが持ってるよ。ぼくの家にある)

Q 27

急いで銀行に行って帰ってきました

Which is COOL? ▶▶▶

a
I hurried to the bank and back.

---

b
I made a quick trip to the bank.

▶▶▶ さて、a、bどちらでしょうか?

難易度

C

| Part1 | Chapter3 | 道を訊くにもCOOL ENGLISH! |

A27

正解 **b** ●この問題の得点 **3** 点

I made a quick trip to the bank.

　どちらも完璧な英語ですが、カジュアルな会話で I hurried to the bank and back. と言うのは不自然です。これだと自分の行動を必要以上に説明して聞かせているような印象を与えます。裁判で証言するときなら別ですが、普段はこういった言い方はしないのです。

　trip は遠くへでかけるときにも、ちょっとした外出にも使える表現なので覚えておきましょう。例えば、次のように使います。

・・・

We went on a trip to China.
わたしたちは中国に旅しました

We took a trip around the world.
わたしたちは世界一周の旅に行きました

I'm going to make a trip to the basement.
ちょっと地下室に行ってきます

Let's make a trip to the bank.
銀行に行きましょう

Q 28

1月に大阪に行きました

Which is COOL? ▶▶▶

a
I made a trip to Osaka in January.

---

b
I traveled to Osaka in January.

▶▶▶ さて、a、bどちらでしょうか?

難易度

C

| Part1 | Chapter3 | 道を訊くにもCOOL ENGLISH! |　　79

A 28

正解 **a**　●この問題の得点 **3** 点

I made a trip to Osaka in January.

　どちらも正しい英語ですが、今は traveled to... という表現を使うことは少なくなってきています。これはどちらかというと古くさい表現で、どこに行くにも長い時間がかかっていたころに使われていた表現なのです。

　例えば、次のように用います。

・・・

**My grandmother traveled to Japan
from New York by ship.**
わたしのおばあさんはニューヨークから日本まで船で旅をした

Men first traveled to the moon in 1967.
人類は1967年に初めて月に旅した

I don't like to travel by bus.
バスで旅をするのは嫌いなんです

　昔ながらの汽車やのんびりした船などに乗って時間のかかる旅をしたのであれば travel to でもオーケーですが、新幹線や飛行機を利用したのなら make a trip to を使うのが普通なのです。

Q 29

アメリカに行ったことある?

Which is COOL? ▶▶▶

a
Have you been to America?

---

b
Have you ever been to America?

▶▶▶ さて、a、bどちらでしょうか?

難易度

Ⓐ

| Part1 | Chapter3 | 道を訊くにもCOOL ENGLISH! |

A 29 　正解 b 　●この問題の得点 ①点

Have you ever been to America?

　Have you been to America? は、「(最近)アメリカに行ったの?」というニュアンス。「アメリカに行ったことある?」と言うときには、必ず ever を付けて、Have you ever been to America? とするのがネイティブ流です。

・・・

Have you talked to his brother?
最近彼のお兄さんと話した?

Have you ever talked to his brother?
彼のお兄さんと話したことある?

・・・

Have you had your hair cut?
最近髪の毛切った?

Have you ever had your hair cut?
髪の毛切ったことある?

・・・

Have you met Mr. Smith?
最近スミスさんに会った?

Have you ever met Mr. Smith?
スミスさんに会ったことある?

Q 30

昨夜、飛行機で来ました

Which is COOL? ▶▶▶

a
I flew in last night.

---

b
I came here by plane last night.

▶▶▶ さて、a、bどちらでしょうか？

難易度

Ⓑ

| Part1 | Chapter3 | 道を訊くにもCOOL ENGLISH! |

A 30　正解 a　●この問題の得点 ② 点

I flew in last night.

　ネイティブなら come here by plane のような長たらしい説明的な言い方は避け、fly in（飛行機で到着する）という簡潔な表現を使って、I flew in last night. といった言い方をするでしょう。これだけの短い文で、I came here by plane last night. とまったく同じ情報を伝えられるのです。

その他のクールな表現

I got in last night.
昨晩、着きました

I got here last night.
昨晩、来ました

英語は、短ければ短いほどよい。これがネイティブ流です。

column 3

Do you want to step outside? と言われたら、どう答えますか…

　Do you want to go outside? と言われたのなら単に「ちょっと外に行かない?」という意味なので問題ありませんが、Do you want to step outside? と言われたのなら、これは問題です。これは「おもてへ出るか?」「やるか?」と、人に喧嘩をふっかける一言なのです。これに対してネイティブなら、喧嘩を受けて立つときには Anytime.（のぞむところだ／いつでもこい）、その気がないときには No, I don't.（いや、やめとくよ）といった答え方をするでしょう。

喧嘩をふっかけるときの決まり文句

Let's have it out.
決着をつけようぜ

I'll take you on anytime.
いつでも相手になるぜ

Let's settle this outside.
おもてで決着をつけようぜ

Chapter 4

小さな違い、どっちがCOOL ENGLISH!

Q 31

わたしはリンゴが好きです

Which is COOL? ▶▶▶

a
I like apples.

---

b
I like apple.

▶▶▶ さて、a、bどちらでしょうか？

難易度

(A)

| Part1 | Chapter4 | 小さな違い、どっちがCOOL ENGLISH？ |

A 31

正解 a ●この問題の得点 **1** 点

I like apples.

　どちらも正しい英語ですが、実はネイティブはこのふたつをしっかりと使い分けています。

　I like apples. と apple を複数にすれば、普通に「わたしはリンゴが好きです」という意味になりますが、I like apple. は「わたしはリンゴ味が好き」という意味なのです。こちらはアイスクリームショップなどで聞かれそうですね。

　この法則がすべての果物に通じるかというとそうではありません。例えば、スイカを例にとってみましょう。スイカの場合はwatermelon を複数にしなくても I like watermelon.で「わたしはスイカが好きです」という意味になります。スイカは大きいので一度にいくつも食べることはまずありませんね。だから複数にするまでもないのでしょう。

Q 32

やることが多くて忙しい

Which is COOL? ▶ ▶ ▶

a

I have a lot of work.

---

b

I have a lot of works.

▶ ▶ ▶ さて、a、bどちらでしょうか?

難易度

C

| Part1 | Chapter4 | 小さな違い、どっちがCOOL ENGLISH? |

A 32

正解 a ●この問題の得点 **3**点

I have a lot of work.

　work が複数か単数かで、この二つの文は意味合いががらりと変わります。

　I have a lot of work. はそのまま「やることがたくさんある」「わたしは忙しい」という意味です。しかし、work を複数形にして I have a lot of works. とすると、一転して「わたしには作品がたくさんある」という意味になるのです。works と複数形にしたときには、「作品」という意味で使われることが多くなることを覚えておきましょう。

workを使うのは…

I finished all the work.
すべての仕事を終えました

There's not much work today.
今日はあまり仕事がない

worksを使うのは…

Several valuable works were destroyed in the fire.
火事で数点の貴重な作品が失われた

The artist's works are displayed at the museum.
その芸術家の作品は美術館で展示されている

Q 33

わたしは大学生です

Which is COOL? ▶▶▶

a
I'm a university student.

---

b
I'm a college student.

▶▶▶ さて、a、bどちらでしょうか?

難易度

Ⓑ

A 33

正解 b ●この問題の得点 ②点

I'm a college student.

　日常会話で「わたしは大学生です」と言うときには、"university" ではなく "college" を使って I'm a college student. とするのがネイティブ流です。同じように「わたしは大学へ行きます」と言うときにも、I'm going to college. とするのが普通です。

　I'm going to the University of California.（わたしはカリフォルニア大学へ行きます）

のように、具体的な大学名を言う場合は別ですが、それ以外の場合はすべて "college" でOKなのです。

　日本の皆さんの中には、大学＝ university、短大＝ college と思っている人も少なくないのではないでしょうか？　アメリカでも、確かに二年制の大学や地域大学（コミュニティカレッジ）は college と呼ばれていますが、college が必ずしも二年制というわけではありません。例えば、アメリカの有名大学で Boston College というのがありますが、これはアメリカでもっとも大きな総合大学のひとつです。

collegeを使って

I dream about going to college someday.
（大学へ行くのが夢です）

I live next to a big college.
（わたしは大きな大学の隣に住んでいます）

universityを使って

I graduated from Columbia University.
（わたしはコロンビア大学を卒業しました）

I majored in business management at Columbia University.
（コロンビア大学では経営学を専攻しました）

Q 34

だれかがドアをたたいています。
だれだか知ってますか？

Which is COOL? ▶▶▶

a

Somebody is at the door.
Do you know who it is?

---

b

Somebody is at the door.
Do you know who he is?

▶▶▶ さて、a、bどちらでしょうか？

難易度

Ⓐ

A 34

正解 a ●この問題の得点 ① 点

Somebody is at the door. Do you know who it is?

　人を it（それ）と呼ぶなんて!と抵抗を感じる人もいるかもしれませんが、その人の性別が定かでない場合は it を使って言い表すのがネイティブ流。

　また、Do you know if he or she is a boy or a girl?（その子が男の子か女の子か知ってますか?）のように、性別がわからないときには he or she といった言い方をするべきだと思っている人が多いようですが、これも自然な表現とは言えません。この場合も

　Do you know if it's a boy or a girl?
でいいのです。

　ただし、性別がわかっている場合は絶対に it を使わないようにしましょう。例えば、赤ちゃんの性別を聞いたあとでその母親に It looks like you.（それはあなたに似てるね）と言ったり、What are you going to name it?（それにはなんて名前をつけるの?）などと言うのはとても失礼なことですよね。

　ちなみに、アメリカで鬼ごっこの「鬼」は it と呼ばれます。

　You're it.（君が鬼だよ）

Q 35

これはあなたの車のカギですか?

Which is COOL? ▶▶▶

a
Is this the key to your car?

---

b
Is this the key of your car?

▶▶▶ さて、a、bどちらでしょうか?

難易度

B

A 35

正解 a　　●この問題の得点 ② 点

Is this the key to your car?

「〜の」と言いたいときの前置詞としてすぐに思いつくのが of です。
　a friend of yours（あなたの友だち）
　a teacher of yours（あなたの先生）
　a hat of yours（あなたの帽子）
といった具合に使いますね。

でも、「車のカギ」というときには、ネイティブは key of your car とは絶対に言いません。of ではなく to を使って、key to your car とします。この場合は「車に合うカギ」ということで to になっているのだと覚えておきましょう。key to a house（家のカギ）、key to a door（ドアのカギ）も同様です。

Q 36

あなたに質問があります

Which is COOL? ▶▶▶

a
I have a question to you.

---

b
I have a question for you.

▶▶▶ さて、a、bどちらでしょうか？

難易度

Ⓑ

A 36

正解 **b** ●この問題の得点 **2** 点

I have a question for you.

　文法的にはどちらも正しいのですが、ネイティブが (a) の I have a question to you. を使うことはありません。前置詞を to にするなら I have a question to ask you. としなければならないのです。

　前置詞の for は I have a present for you.（あなたのためにプレゼントがあります）のように「〜のために」という意味で使われることが多いため、この問題が不正解だった人は、その固定観念にとらわれていたのでしょう。この場合も前置詞は for でオーケーなのです。

　間違っても I question you. とは言わないようにしてください。これは「わたしはあなたを疑ってます」という意味です。

Q 37

わたしは運転免許を取るつもりです

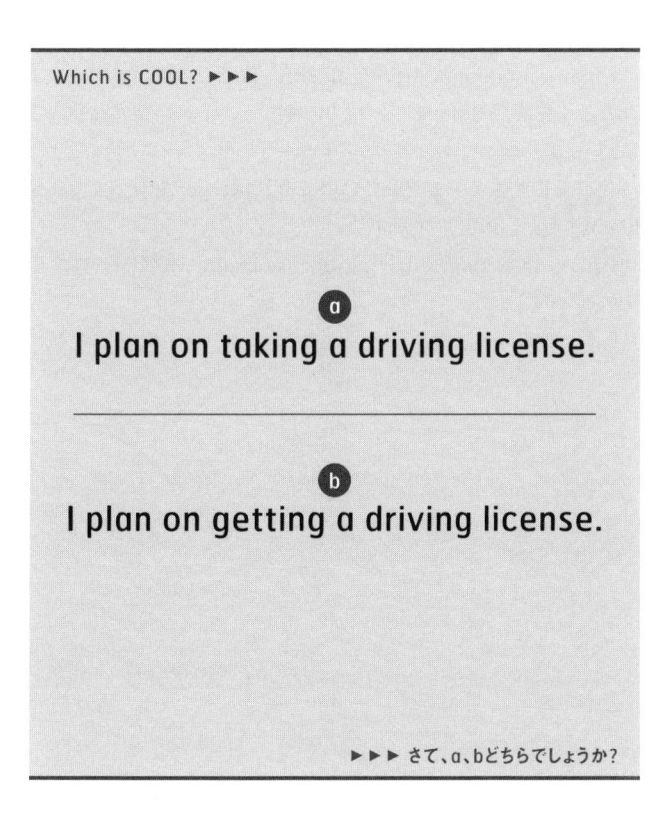

Which is COOL? ▶▶▶

a
I plan on taking a driving license.

---

b
I plan on getting a driving license.

▶▶▶ さて、a、bどちらでしょうか?

難易度

Ⓑ

A 37　正解 b　●この問題の得点 2 点

I plan on getting a driving license.

　I plan on taking a driving license. は正しい英語ですが、これだと「免許証をもっていくつもりです」というニュアンスになってしまいます。

　「免許を取得する」と言いたいのであれば、get を使って get a license とするのがベストです。

　I plan on taking a driving license exam.（運転免許試験を受けるつもりです）

ならオーケー。

Q 38

あなたは高い鼻をしてますね

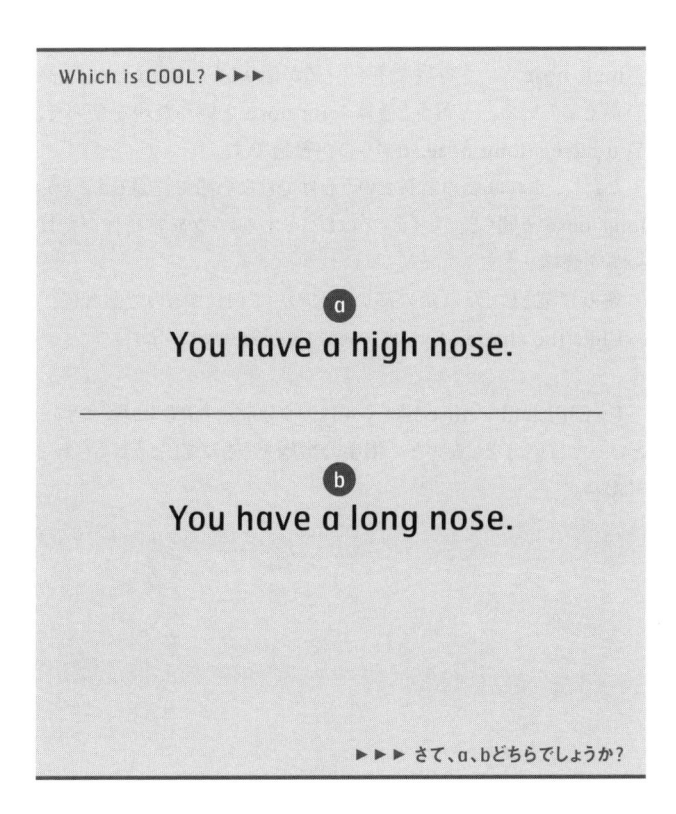

Which is COOL? ▶▶▶

a
You have a high nose.

---

b
You have a long nose.

▶▶▶ さて、a、bどちらでしょうか?

難易度

Ⓐ

| Part1 | Chapter4 | 小さな違い、どっちがCOOL ENGLISH? |

A 38 正解 b ●この問題の得点 1 点

You have a long nose.

　high nose という表現をネイティブが使うことはありません。「高い鼻をしている」と言うときは long nose という表現を使って、You have a long nose. とするのが普通です。

　ただし、これは褒め言葉というわけではないので注意しましょう。long nose と聞くと、ネイティブはピノキオのような異常に伸びた長い鼻を想像します。

　褒め言葉としてだれかの高い鼻について口にするのであれば、

　I like the shape of your nose.（鼻の形がいいですね）

や

　I wish I had a nose like yours.（自分もそんな鼻になりたいです）

といった言い方をしないと、相手の機嫌をそこねてしまうかもしれませんね。

Q 39

外は明るいですか?

Which is COOL? ▶▶▶

a
Is it light outside today?

---

b
Is it bright outside today?

▶▶▶ さて、a、bどちらでしょうか?

難易度

Ⓑ

A 39　正解 a　●この問題の得点 ②点

Is it light outside today?

　どちらも正しい英語ですが、ネイティブが「外は明るいですか?」とたずねるときには Is it light outside today? という表現を使っています。この意味で Is it bright outside today? と言うことはまずありません。屋外の明るさについて言及する場合には bright ではなく light を使うのがネイティブ流なのです。
　例えば、以下のように話します。

What time does it get light here?（ここは何時に明るくなりますか?）
It gets light at 7:00 in the morning.（朝の7時に明るくなります）

　光源について話すときや、太陽以外の光源によって照らされた場所や物について話すときには bright を使います。

The sun is bright.（太陽は明るい）
This light is too bright.（このライトは明るすぎる）
The room is bright.（この部屋は明るい）
The computer screen is bright.（そのコンピュータースクリーンは明るい）
It's always bright at night in Las Vegas.（ラスベガスは夜でも明るい）

Q 40

わたしは気分がよかった

Which is COOL? ▶▶▶

a
I felt good mood.

---

b
I felt in a good mood.

▶▶▶ さて、a、bどちらでしょうか?

難易度

B

A 40　正解 b　●この問題の得点 ② 点

I felt in a good mood.

　まったく理解してもらえないということはありませんが、ネイティブが (a) の表現を使うことはありません。in a good mood は「気分がよい」という意味のイディオムでネイティブの間でよく使われる表現ですが、good mood だけが単独で使われることはほとんどありません。

　また、よく間違えて使われているのを耳にする単語が moody です。「ムードのある」という意味で moody を使っている人がいますが、この語にはそういった意味はありません。moody の正しい意味は「気分屋の」「むら気な」「不機嫌な」ですから、

Why are you so moody today?（どうして今日はそんなに機嫌が悪いの?）

といった具合に使います。

Q 41

どの季節がいちばん好きですか?

Which is COOL? ▶▶▶

a
Which season do you like best?

---

b
What season do you like best?

▶▶▶ さて、a、bどちらでしょうか?

難易度

Ⓐ

A 41　正解 a　●この問題の得点 1 点

Which season do you like best?

　どちらでもいいように見えますが、ネイティブは What と Which をしっかりと使い分けています。What...? は答えの選択肢の数が多いときや、無制限にあるときに、Which...? は答えの選択肢の数がいくつかしかないときに使うのが普通です。

　例えば、2、3種類のフレーバーしかないアイスクリームショップなら、そこの店員は Which flavor would you like?（何味にしますか?）と客にたずねます。数え切れないほどのフレーバーをそろえているアイスクリームショップなら、What flavor would you like? とたずねるでしょう。

　季節は4つしかありません。したがってこの場合は Which...? とすべきなのです。

　Which season do you like best? は
　Which of the four seasons do you like best?
を短く言った形だと考えればわかりやすいかもしれませんね。

Q 42

カリフォルニアの州都はどこですか?

Which is COOL? ▶▶▶

a
Where is the capital of California?

---

b
What is the capital of California?

▶▶▶ さて、a、bどちらでしょうか?

難易度

(A)

| Part1 | Chapter4 | 小さな違い、どっちがCOOL ENGLISH? |

A 42　正解 b　●この問題の得点 1 点

What is the capital of California?

　州都の位置ではなく、州都の名前をたずねているわけですから、What...? という聞き方がベストです。What is the capital of California? は、実は

What is the name of the capital of California?
を略した言い方なのです。

　Where is the capital of California? と言ってもネイティブは理解してくれますが、もしかしたら It's in California.（カリフォルニアにあるよ）とからかわれてしまうかもしれませんね。

　同じように、「日本一大きな都市は?」とたずねたいときには、

What is the biggest city in Japan?
が正解。Where is the biggest city in Japan? とは言わないように!

column 4

Hello. と言われたら、どう答えますか…

「こんにちは」という意味のあいさつとして、とてもよく使われるのが Hello. と Hi. ですね。アメリカなどでは、目が合えばだれもが Hello. または Hi. と、気軽に声をかけてくれます。そんなときには、にっこり笑って一声返しましょう。

ただし、相手とまったく同じ言葉で返していたのでは能がありません。ネイティブなら、相手と違った言葉でさりげなく返します。例えば、相手が Hello. と言ってきたのなら、こちらは Hi. と返す。相手が Hi. と言ってきたら、こちらは Hello. といった具合です。相手の言った言葉をそのまま繰り返すなんて、あまりスマートとはいえませんよね。

Chapter 5

ちょっとした言い回しで
COOL ENGLISH!

Q 43

今日遊びに行く時間ある?

Which is COOL? ▶ ▶ ▶

a
Do you have time to play today?

---

b
Do you have time to go out today?

▶ ▶ ▶ さて、a、bどちらでしょうか?

難易度

A

| Part1 | Chapter5 | ちょっとした言い回しでCOOL ENGLISH! |

A43　正解 b　●この問題の得点 ①点

Do you have time to go out today?

　play は「(子どもが) ～ごっこをする」「(子どもが) 遊ぶ」といった意味合いで使われることが多い単語です。したがって、(a) の Do you have time to play today? をネイティブの大人が使うことはありません。例えば、Let's play.（遊ぼうよ）というフレーズは子どもにしか使われないのです。

　大人なら「遊びに行く」と言うときには play ではなく go out という表現を使って言い表すことが多くなります。

　Let's go out today.（今日遊びに行こう）
といった具合です。

　ただしスポーツや楽器、カードゲームなどを「プレイ／演奏する」というときの play であれば、もちろん大人も使えます。

・・・

Let's play golf today.
今日、ゴルフしよう

Let's play the piano.
ピアノを弾こう

Let's play poker.
ポーカーをしよう

Q 44

タバコは吸いますか?

Which is COOL? ▶▶▶

a
Are you a smoker?

---

b
Do you smoke?

▶▶▶ さて、a、bどちらでしょうか?

難易度

Ⓑ

| Part1 | Chapter5 | ちょっとした言い回しでCOOL ENGLISH!

A 44

正解 b ●この問題の得点 2 点

Do you smoke?

　単に「タバコは吸いますか?」とたずねるだけであれば、Do you smoke? がネイティブのもっともよく使う一般的な言い方でしょう。この表現からは、タバコを吸う相手を非難するようなニュアンスは特に感じられません。

　Are you a smoker? も使えます。ただ、この言い方にはタバコを吸う人を非難しているような含みがあります。喫煙家が肩身の狭い思いをしているアメリカでは、確かにこちらの表現もよく耳にします。

会話例 1

A Do you smoke?
（タバコは吸いますか?）

B Yes, I do.
（はい）

A Here is the ashtray.
（灰皿をどうぞ）

会話例 2

A Are you a smoker?
（タバコなんて吸うの?）

B Yeah, what about it?
（ああ、いいじゃないか）

A Stop it. It's bad for your health.
（やめなさいよ。健康に悪いわ）

Q 45

おしゃれですね!

Which is COOL? ▶ ▶ ▶

ⓐ
I like your outfit.

ⓑ
I like your total fashion.

▶ ▶ ▶ さて、a、bどちらでしょうか?

難易度

Ⓑ

A 45　正解 a　●この問題の得点 2 点

I like your outfit.

　服の着こなしを褒めるときにネイティブがよく使う表現が I like your outfit.（おしゃれですね）です。直訳すると「あなたの着こなしが好きです」となります。outfit は「一式」という意味、これを服装について使うと「服のコーディネート」「着こなし」といった意味になります。

　日本語の「トータルファッション」が、そのまま英語で理解してもらえることはないでしょう。I like your total fashion. と言うと、「あなたがもっている服は全部好きです」という意味にとられてしまうかもしれません。

　アメリカでは、公園や道端、ブティック、空港などで見知らぬ人同士が気軽にあいさつを交わし、軽い会話を楽しみます。そんなとき、よく持ち出される話題のひとつが outfit（着こなし）です。皆さんも着こなしを褒めるのに使える気の利いた表現を覚えて、ネイティブとの会話を弾ませてみませんか。ステキな出会いがあるかもしれませんよ。

着こなしを褒める表現

Nice outfit.（おしゃれですね）
What a nice outfit!（すごいおしゃれ!）
You're a sharp dresser.（おしゃれですね）
You're a nice dresser.（センスがいいですね）

Q 46

やせたい!

Which is COOL? ▶▶▶

a
I want to lose some weight.

---

b
I want to reduce my weight.

▶▶▶ さて、a、bどちらでしょうか?

難易度

Ⓒ

| Part1 | Chapter5 | ちょっとした言い回しでCOOL ENGLISH! |

A 46

正解 a ●この問題の得点 **3** 点

I want to lose some weight.

　reduce one's weight と lose weight はどちらも「体重を減らす」という意味でよく使われる、正しい英語です。しかし、ネイティブが日常会話で使うのは lose weight です。
　雑誌や新聞の見出しなどでは、
　How to reduce your weight without pain（苦しまずに体重を減らす方法）
という表現はよく使われていますし、医者が患者に
　You need to reduce your weight.（体重を減らしなさい）
と言うことも確かにあります。ただ、普段の会話で reduce one's weight という表現をネイティブが使うことはほとんどないのです。

Q 47

体重はどれくらいありますか?

Which is COOL? ▶▶▶

ⓐ
How much do you weigh?

ⓑ
How heavy are you?

▶▶▶ さて、a、bどちらでしょうか?

難易度

Ⓐ

A 47

正解 a ●この問題の得点 1 点

How much do you weigh?

　人に体重をたずねるとき、ネイティブは How much do you weigh? という表現をよく使います。

　女性にとって体重は深刻な問題。女性に限らず、自分の体重を気にしている人が多いのも事実。こういったデリケートな話題を持ち出すときには、ワンクッション置いたたずね方も知っておかなければなりません。

　例えば、次のような言い方をします。

・・・

I need to ask how much you weigh, if you don't mind.
よろしければ、体重をおたずねしたいのですが

Would it be all right if I asked your weight?
体重をおたずねしてもよろしいでしょうか?

　How heavy are you? は「あんたはどれくらいのデブなんだ?」という意味です。うっかりこんなことを口走ってしまったら、人間関係にヒビが入ってしまいますよ。口は災いのもと、気をつけましょう。

Q 48

どういう意味か、説明してください

Which is COOL? ▶▶▶

a
Please explain yourself.

---

b
Please explain what you mean.

▶▶▶ さて、a、bどちらでしょうか？

難易度

Ⓑ

A 48 正解 b ●この問題の得点 2 点

Please explain what you mean.

どちらも正しい英語ですが、(a) の Please explain yourself. は何か悪いことをした人に説明を求めるときに使われる表現です。例えば、次のように用います。

• • •

I saw you take my money. Please explain yourself.
わたしのお金を盗ったのを見たわよ。どういうことだか説明してちょうだい

単に相手が考えていることや、相手が言おうとしていることをたずねたいなら、(b) の Please explain what you mean. がベストでしょう。

また、「何を考えているの?」という意味で Please explain your mind. と言っている人をたまに見かけますが、これは正しい英語ではありません。それを言うなら

Please explain what's on your mind.

が正解です。

Q 49

明日は曇らないと思います

Which is COOL? ▶▶▶

a
I don't think it will be cloudy tomorrow.

---

b
I think it will not be cloudy tomorrow.

▶▶▶ さて、a、bどちらでしょうか？

難易度

Ⓒ

A 49

正解 (a)　●この問題の得点 ③ 点

I don't think it will be cloudy tomorrow.

（a）がよりネイティブらしい表現だと言えます。（b）のような言い方はディベートでもない限りめったに使われません。

例えば、ディベートの討論者の1人がこう言ったとします。

・・・

I think the prime minister will quit.
わたしは首相は辞めると思います

［それを聞いて、すかさず対戦する討論者が——］

I think the prime minister will not quit.
わたしは首相は辞めないと思います

このような流れの中なら、（b）のような表現になるのは自然なことです。しかし、意見を戦わせる相手もいないのに、いきなり I think the prime minister will not quit. と言うことはまずありません。

Q 50

ナンシーは3カ国語を話せる

Which is COOL? ▶ ▶ ▶

a
Nancy is able to speak
three languages.

---

b
Nancy can speak
three languages.

▶ ▶ ▶ さて、a、bどちらでしょうか？

難易度

C

A 50 正解 b ●この問題の得点 3 点

Nancy can speak three languages.

　be able to と can が同じだと思っている人も多いでしょう。実際には、ネイティブはこのふたつをしっかりと使い分けています。

　can はもちろん「〜できる」という意味で、ポジティブなシチュエーションで多く使われますが、be able to は「〜できるのに…だ」「〜できるけどしない」といったネガティブな状況で多く使われる表現。つまり、be able to の後にはbut が続くことが多いのです。

・・・

Jack is able to help, but he refuses.
ジャックなら助けられるのに、彼はこばんでいる

He is able to be a successful teacher. What a waste.
彼なら立派な教師になれるのに…。もったいない

　また、車が故障した友だちに向かって、I am able to fix cars. と言えば、「ぼくなら直せるけどね」と、助けるつもりはないのにただ自慢しているだけのように聞こえます。

以上で50問すべて終了です。
各問のあなたの得点を合計してみましょう。
その数字が、あなたの現在のCQです。

CQが低いからといって悲観することはありません。
自分の英語をよりネイティブに近い、クールでスマートなものにするために、
本書をご活用ください。
次のページに、CQのレベルによる英語力診断と
学習へのアドバイスがあります。
それを参考にして、英語の力を伸ばしていってください！

Q1	Q11	Q21	Q31	Q41
Q2	Q12	Q22	Q32	Q42
Q3	Q13	Q23	Q33	Q43
Q4	Q14	Q24	Q34	Q44
Q5	Q15	Q25	Q35	Q45
Q6	Q16	Q26	Q36	Q46
Q7	Q17	Q27	Q37	Q47
Q8	Q18	Q28	Q38	Q48
Q9	Q19	Q29	Q39	Q49
Q10	Q20	Q30	Q40	Q50
小計	小計	小計	小計	小計

得点合計

点　▶▶▶▶▶▶▶▶ 診断 ▶

CQレベル別
英語力診断&アドバイス

CQ90以上のあなた
●さすが! ちょ〜クール!

Way to go!
クールな英語を自由自在に操るあなたは、ネイティブに
なりすますことができるほどの実力の持ち主です。
スパイになってアメリカに潜伏しても、
だれも外国人だと感づかないかも。
この調子で、さらに腕を磨いてください。
Keep working!

CQ70〜89のあなた
●なかなかの実力! クール!

最高にクールなネイティブ感覚まであと一歩です。
さらに異文化体験を重ね、
英語のこまやかなニュアンスを身につけたり、
英語的発想術により磨きをかけるよう心がけてください。
言葉は生き物ですから、日々変化しています。
情報の収集も怠らず、
英語知識のアップデートも欠かさないようにしましょう。

CQ50～69のあなた
●微妙にクール？

努力の跡は見えますが、
ネイティブ感覚のクールな英語表現を
身につけるトレーニングはまだまだ不十分。
基本は十分できているようですから、
これからはインプット（リスニング・リーディング）の量を
増やすなどして、より洗練されたネイティブ感覚を
身につけるトレーニングを続けましょう。

CQ30～49のあなた
●もうひとふんばり！

通じるだけで満足していませんか？
通じるだけで満足していたら、いつまでたっても
「カタコト英語」の域から抜け出すことはできません。
まずは基礎をもう一度おさらいして、
さらに上をめざす土台をしっかりと築きましょう。
語学の習得は時間がかかるもの。
努力を惜しまず、英語学習の継続を心がけてください。

CQ0～29のあなた
●千里の道も一歩から！

Never give up! あきらめずに勉強を続けてください。
今までの勉強法が、あなたには
合っていないのかもしれません。
少し勉強方法を変えてみては？
まずは簡単な基礎英会話の本を、
一冊マスターすることから始めてみるのがいいかも。
なにごとも基礎固めが肝心です。

Part 2

日本人が知らない英語の常識

驚くべきことに、英語のネイティブ・スピーカーなら誰でも知っている、けれども日本人にはほとんど知られていない英語の表現や文化的な常識は、非常にたくさん存在しています。知らなくてもたいして困らないものならばともかく、それがわからないと日常的なコミュニケーションがうまくいかないような単語や言い回しは、ぜひ覚えておかなければなりません。それらをご紹介し、皆さんに身につけていただくのがPart2です。

　とはいえ、多くの読者はこのように思っていらっしゃるでしょう。
「もちろん英語は覚えたいけど、ただただ努力して暗記するのはつらい」
「無味乾燥な例文を覚える学習は、結局続かない」

　心配ありません。ここには、先ほど述べたような英語の常識を、50のミニクイズにまとめて取りあげてあります。肩ひじ張らずに、楽しみながら、ひとつひとつの質問に答えていきましょう。ひととおり読み終えたときには、あなたの知識が飛躍的に増えていることに気づいて驚かれるに違いありません。
　また、全部の質問に答えると、あなたのIQ（知能指数）ならぬEQ（English Quotient）、つまり「英語指数」を測ることができるというおまけもついています。Part1同様に50の質問のそれぞれは、AからCまで3つの難易度に分かれていて、難易度別に得点が割り振られています。最後まで読み進めて得点を合計することで、あなたの「EQレベル」がわかる仕組みになっています。最後に「EQレベル別英語力診断＆アドバイス」がありますので、ご活用ください。

Chapter1

日常会話の常識

ここでは、
日常会話でよく使う口語的な英語表現を中心に
Quizとしてまとめてみました。
まずは腕だめし。
あなたは、
英語のネイティブ・スピーカーが
毎日のように交わす言葉を、
いくつ理解することができますか?
さあ、始めましょう!

Q1

満席のレストランで案内係が客に言う表現は次のどちらですか？

①
There are no seats available.

---

②
There are no tables available.

難易度

Ⓐ

| Part2 | Chapter1 | 日常会話の常識 |

A1　正解 ② ●この問題の得点 ① 点

There are no tables available.

　日本ではレストランなどで座る場所がないとき、「満席です」と、「席」という言葉を使いますね。しかし英語では、seat（席）ではなく table（テーブル）という語を使います。「満席です」は、There are no tables available.（ご利用できるテーブルがありません）と言えばいいのです。ちょっとした文化の違いですが、とても興味深いことです。

　また、日本語には「相席」という言葉がありますね。しかしこれは英語では表現するのがむずかしい言葉です。そもそも、アメリカのレストランで「相席をお願いします」などと言われることはありえません。もしこれを無理に英語で表現したいときには sit with someone else（だれかといっしょに座る）や share a table with someone（だれかとテーブルをシェアする）というフレーズを使うしかありません。

　ついでに、「満席です」という表現の後に案内係が続ける言葉を紹介しておきますので、いっしょに覚えておきましょう。

・・・

Please wait for just a minute while I prepare your table.
テーブルの用意ができるまで、少々お待ちください

Your table is ready. Please come this way.
テーブルの準備ができました。どうぞこちらへ

Q2

It's on me.は、どんな場所で聞かれることが多い表現ですか?

1
フィットネスクラブ

2
レストラン

3
学校

難易度

Ⓐ

A2 正解 ② ●この問題の得点 ① 点

レストラン

　It's on me. は「わたしの上に乗っている」という意味ではありません。「わたしのおごりです」という意味の表現なのです。レストランなどで同席した友人などに対して、「支払いは自分がもつよ」と伝えたいときの言い回しです。It's on me. の it はここでは tab（勘定、勘定書）を指しますから、まぎらわしいときには It's on me. の代わりに、The tab is on me.（勘定はぼくがもつよ）と表現することも可能です。

　また、It's on the house. と言うと「店のサービスです」といった意味になり、店が料理やデザートをサービスとして客に出すときに使われます。この場合の the house はもちろんレストランを指しています。この It's on the house. という表現を、自宅を訪ねてきた友人などに、冗談で使うこともあります。

　It's on me. の類似表現に、Let me foot the bill. という言い方もあります。意味は It's on me. とほぼ同じで、「支払いは自分がもつよ」ということです。この表現の中の foot は、もともとお勘定の伝票のいちばん下の部分を指す言葉です。伝票の下部には、支払合計やサインを入れる場所があります。そこから、「支払いをその人がもつ」という意味で用いられるようになった表現なのです。

Q3

She is touched.って
次のどの意味?

①
彼女は痴漢にあった

②
彼女は気が変だ

③
彼女は感動した

難易度

Ⓒ

| Part2 | Chapter1 | 日常会話の常識 |

A3

正解 ② ③　　●この問題の得点 ③ 点

彼女は気が変だ
彼女は感動した

　be touched にはふたつの意味があります。

　まず「気が変だ」という意味。touch という語は古い時代には、hit（打つ）という意味で使われていました。そこから be touched は「(頭を打たれて) 気が変になった」という意味になったと思われます。

　また、touch には「感情の急所に触れる」という意味があります。ですから、be touched で「(感情の急所に触れられて) 感動する」という意味にもなります。結局のところ、She is touched. は（2）と（3）の両方の意味で使うことができるのです。

　また、She is touched. がふたつの意味を持っていて少しわかりにくいときがあるので、もっとはっきりさせるために、「気が変だ」と言いたいときには

　She is touched in the head.

と、最後に in the head という言葉をつけ加えて言うこともあります。

Q 4

ホテルで待ち合わせをして、「フロントのところで会おうよ」と言いたいときの表現は?

①
Let's meet at the front.

②
Let's meet at the front desk.

③
Let's meet at the lobby.

難易度

Ⓒ

A4 正解 ② ③ ●この問題の得点 ③ 点

Let's meet at the front desk.
Let's meet at the lobby.

　日本語で「フロントのところで待ち合わせしようよ」「フロントのところで会おうよ」というとき、日本人はホテル入口を入ったところのフロント（受付）のあるロビーのあたりをイメージしていますね。しかし、英語で（1）のように Let's meet at the front. と言ってしまうと、「ホテル内のフロント」という意味ではなく、in front of the hotel（ホテルの正面）という意味に受け取られてしまいます。これでは、待ち合わせた相手はホテルの正面玄関を出たあたりで、あなたを長いこと待ち続けることになってしまいます。

　正しくは（2）の at the front desk と（3）の at the lobby なのですが、これらはそれぞれ、「受付（front desk）のところで」「ロビー（lobby）で」という意味。これなら日本人の想像する「フロント」、つまり「ホテルの玄関を入ったフロント（受付）のあるロビーのあたり」を指すことになりますから、きちんと相手に通じますよ。

Q5

You have a big head.
と言われたら、あなたは
どんな気持ちになるでしょうか?

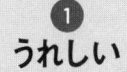

---

❶
うれしい

---

❷
腹が立つ

---

❸
小顔の人をうらやましく思う

難易度

Ⓑ

A5 正解 ❷　●この問題の得点 ❷点

腹が立つ

　You have a big head. というのは、ひどく思い上がっていばっている人に対して使う言葉です。「お前、いばってるなあ」「いばるんじゃないよ」といった意味ですね。big head は「うぬぼれ屋」といった感じです。「頭や顔が大きい」という意味では使わないので、(3) の「小顔の人をうらやましく思う」はもちろん不正解です。

　もう少し「big＋顔の一部」でできたフレーズを紹介しておきましょう。まず、have a big nose（大きな鼻を持っている）と言えば「詮索好きな人」のことです。「鼻でかぎ回る」というイメージですね。My boss has a big nose. I don't feel like I have any privacy. なら「ぼくの上司はすごい詮索好きで、プライバシーも何もあったものじゃない」という意味。
　また、nose（鼻）を ears（耳）と入れ替えて、have big ears となると「地獄耳」という意味になります。
　We'd better whisper. The guards have big ears.（小さな声で話したほうがいいよ。ガードマンは地獄耳だから）
といった使い方ができます。
　ついでにもうひとつ、big mouth という表現もあります。こちらは「おしゃべり」という意味。

● ● ●

Don't tell her your secret. She has a big mouth.
彼女には秘密を打ち明けるなよ。おしゃべりだからね

Q6

もしあなたが女性で、
You are a fox. と言われたら、
どんな気持ちになりますか?

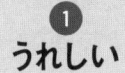

①
うれしい

②
とても不愉快

③
よく考えてみないとわからない

難易度

Ⓑ

| Part2 | Chapter1 | 日常会話の常識 |

A6　正解 すべて　●この問題の得点 ②点

　実はすべて正解です。
　fox はもともと「キツネ」という意味の単語で、女性について「狡猾な人」を指すときの言葉でした。日本語でも「この雌ギツネめ」などと言いますね。それに近い感じです。
　さらに以前には vixen（雌ギツネ）という単語がありましたが、こちらは「美しいけれど、口やかましく意地の悪い女性」といった意味で用いられました。このふたつの言葉が交ざり合った結果、最近では fox と言えば「魅力的な若い女性」を指す言葉だと、ほとんどの人が認識しています。魅力的といってもいろいろですが、この fox の場合は、「セクシーな魅力に溢れているけれども、男にだまされない賢くて気丈な美人」という感じです。fox の後ろに y をつけて、foxy と表現することもあります。

　というわけで、この言葉には悪い意味もあればよい意味もあり、言われた人によってどう解釈するかはさまざま。したがって、どれも正解ということになります。
　この fox のほかにも、人間を動物にたとえた表現が英語にはたくさんあります。「臆病者」のことを chicken（ニワトリ）と表現するのは皆さんご存知でしょう。それから pig（ブタ）だと「大食い、大食漢」、dog（イヌ）は「不細工な人」、snake（ヘビ）は「狡猾な人」、rabbit（ウサギ）は「子だくさん」、ass（ロバ）は「バカ、頑固でのろまな人」、chameleon（カメレオン）は「八方美人、移り気な人」といった具合です。

Q7

You'd better shape up. という英語の意味は次のうちどれでしょう?

1
シェープアップしなさい

2
ちゃんとヒゲを剃りなさい

3
しっかりやりなさい

難易度

Ⓑ

A7 正解 ③ ●この問題の得点 ②点

しっかりやりなさい

　まず shave（ヒゲを剃る）と shape（形づくる）を見間違えたあなた、視力の確認が必要かもしれませんね。冗談はさておき、(2)は完全に不正解です。残った選択肢(1)と(3)のうち、日本人の多くは(1)が正解だと思うでしょう。しかし、実は正解は(3)なのです。

　というのは、shape up という言葉は、普通精神的なことに用いられる言葉で「行動や心構えなどをしっかりする、節度を守ってきちんと振る舞う」といった意味があります。ネイティブ・スピーカーは、「体調や体形などを整える」という、日本でおなじみの意味での使い方はほとんどしません。You'd better shape up. と言えば、「節度を守ってしっかりやりなさい」「きちんと［しっかり］やりなさい」と相手をたしなめる意味になるのです。

　では、日本で使われる意味で「シェープアップする」と言いたいときにはどうすればいいのでしょう。この場合には、get in shape（体調や体形を整える）という言葉を使いましょう。逆に「体調や体形を崩す」というのは get out of shape と言えばよいのです。

Q8

We exchanged words.
とは、どんな意味でしょう?

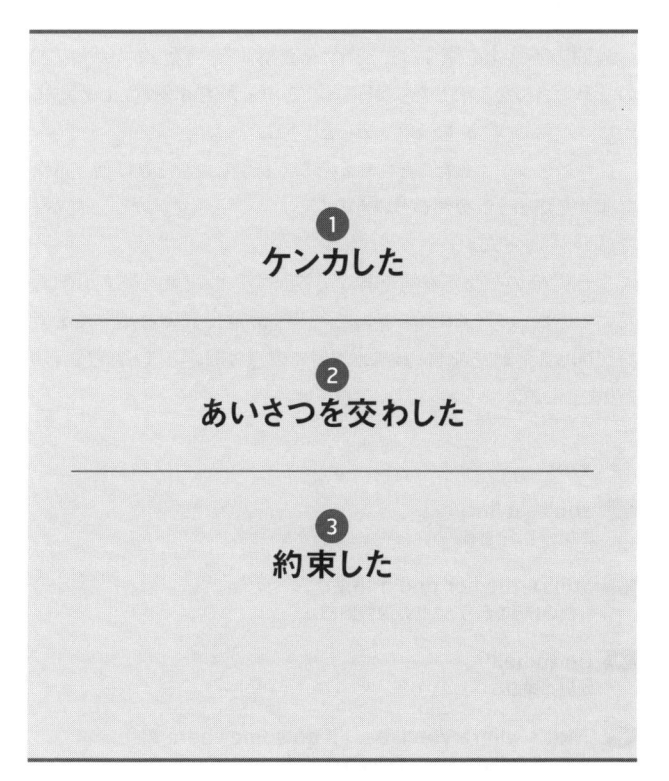

①
ケンカした

②
あいさつを交わした

③
約束した

難易度

Ⓑ

A8 正解 ① ●この問題の得点 ②点

ケンカした

　設問の英文を直訳すると「言葉を交換する」となりますから、(2)の「あいさつを交わした」が正解だと思った方も多いでしょう。しかし、正解は (1) の「ケンカした」でした。

　これは、ケンカしたことをやわらかく表現したいときに使う言葉です。実際のケンカがひどいものだったか、そうではなかったかまではわかりません。

　少し実際のケンカの例をあげてみます。アメリカのケンカでは、たいてい次のダイアログのように、「売り言葉に買い言葉」でお互いが同じようなことを言い返します。この点は日本とほとんど変わりありませんね。

・・・

A You're a liar.
この、うそつき野郎

B You're the liar and a thief.
お前のほうこそ、うそつきの泥棒野郎だ

A Go to hell!
地獄へ堕ちろ

B That's where you'll be. I'll go somewhere else.
お前こそ地獄行きだ。俺は別の場所に行くんだよ

Q9

The tension was high in the room. というとき、この部屋の雰囲気は?

❶
元気いっぱい。みんな大声で爆笑中

---

❷
張りつめていて険悪なムード

---

❸
全員落ち込んでいて言葉も出ない

難易度

Ⓑ

| Part2 | Chapter1 | 日常会話の常識 |

A9　正解 ②　●この問題の得点 ② 点

張りつめていて険悪なムード

　日本の口語表現で「テンションが高い」というのは、とても気分が高揚していて、元気いっぱいだということですね。「彼ってテンション高いよね」といった感じで使いますが、英語では、このような使い方はしません。

　high tension という言葉は、「高圧電流」の「高圧」、あるいは「関係が緊張している」という意味で用いられます。

　ほかにも、設問の例のように、その場所の雰囲気について言うときに使いますが、この場合には「険悪なムードで、部屋中の空気がピリピリと張りつめている」といったニュアンスです。ですから、ここでの正解は（2）の「張りつめていて険悪なムード」ということになりますね。

　設問の The tension was high in the room. というのは、「部屋は張りつめた（いつケンカが始まってもおかしくないような）雰囲気だった」といった日本語にするのがいいでしょう。

Q 10

That's a lovely tie. という
あなたの言葉を聞いたアメリカ人男性。
さて、彼の反応は?

---

❶
喜ぶ

---

❷
ぎょっとする

難易度

Ⓑ

| Part2 | Chapter1 | 日常会話の常識 |

A10 正解 ① ② ●この問題の得点 ②点

喜ぶ
ぎょっとする

　まず、このアメリカ人男性がゲイではないという仮定に基づいて解説していきましょう。正解は、あなたが女性なら（1）です。That's a lovely tie.（素敵なネクタイね）と、あなたに言われた男性は、とてもうれしそうにお礼の言葉を返してくれるでしょう。

　しかし逆に、あなたが男性なら、正解は（2）です。とんでもない受け取り方をされますから、要注意です。

　なぜ同じ褒め言葉を使って、女性と男性で反応が違うのかというと、実は、That's a lovely tie. というのは「素敵なネクタイね」とは訳せますが、「いいネクタイだね」とは訳せないからなのです。つまり lovely（素敵）とは非常に女性的な言葉で、これを含んだフレーズを男性が使ったとたん、いわゆる「オネエ言葉」に聞こえてしまうからです。

　相手がゲイの男性であったとすれば、あなたが女性でも男性でも、正解は（1）かもしれません。

　このほかにも、女性的に響く言葉には次のようなものがありますから、誤解を招きたくない男性は、使用に際してくれぐれもご注意ください。

・・・

You're sweet.
あなたってとっても優しいのね

It's cute!
それってかわいい!

column 5

日本とアメリカ、新年の違い

　アメリカへ単身赴任していた友人の話です。1月6日、年が明けて初出勤。営業マンの友人は大張り切りでお得意先に年始の挨拶回りを始めました。一番のお得意先の部長であるデニスさんに面会、開口一番、「ハッピー・ニューイヤー」と元気に挨拶しました。ところが、デニスさんはそれに対して眉をひそめ怪訝な顔です。

　「新年早々機嫌が悪いのかな」と不安な気持ちになってしまい、会話はその後も弾まず、張り切り気分は、一気にダウン。何が原因だったのでしょう?

　日本では、年明けから1月7日まで、会う人ごとに「新年おめでとうございます」と挨拶しますね。8日以降でも、年が明けて初めて会った人にはそう挨拶をする人が多いでしょう。アメリカでも新しい年の到来を祝う気持ちは同じ。12月31日から1月1日に日付が変わる瞬間、大勢の人々が年明けを祝います。

　しかし日本と大きく違うのは、「ハッピー・ニューイヤー」を言うのが主にこの瞬間だけであること。1月1日は家族でゆっくり過ごして、2日からは、何事もなかったかのように通常の日々をスタートします。

　だから、年が明けて6日も経つのに「ハッピー・ニューイヤー」とおめでた気分の人に、デニスさんは「今ごろ何を寝ぼけたことを言っているのだろう?」とちょっとあきれてしまったのですね。こんなふうに、相手の国の慣習を知らないばかりに、ちょっとした誤解を受けることもあるので、覚えておきましょう。

Chapter 2

単語の常識

日常生活でよく耳にする言葉たち。
プラスティック・ミルク、イヤーワックス、
ミッキーマウス・コンピューター……
さて、いくつご存知ですか?
ここでは、日本人も毎日の生活の中で見かける
言葉を取りあげ、その中から意外性に富んだ、
興味深いものを選んでクイズに盛り込みました。
さあ、いくつ正解できるでしょう?

Q11

plastic milk って どんなもの?

1
製品をつくるために溶かしたプラスティック

2
カクテルの名前

3
粉ミルク

難易度

Ⓑ

A11 正解 ③ ●この問題の得点 ②点

粉ミルク

　plastic には「形成の、美容整形の」という意味があります。そこから「偽物の、本物ではない」という意味が出てきました。plastic milk と言えば、「偽物のミルク」。つまり「母乳」ではなく、「粉ミルク」のことなのです。
　ほかにも、plastic surgery（美容整形手術）、plastic money（クレジット・カード）など、この plastic という単語を使った言葉がいろいろありますが、いずれも「本物ではなく、偽物の〜」という意味で使われているのです。

　「整形美人」も plastic beauty と表現できますが、どちらかというと、silicon beauty（シリコン美人）のほうがよく使われています。
　plastic という言葉は響きがよくないので、企業などサービスを提供する側ではこの言葉を使わず、plastic surgery は cosmetic surgery、plastic milk は powdered milk、plastic card は credit card と表現しています。
　また、plastic という言葉は人間についても使われ、その場合は「金持ちだけれど他人とあまり心を通わせない人」つまり「高慢あるいは傲慢な人」のことを言うときに使われます。例えば、
　I don't like her. She seems so plastic.
なら「彼女のことは好きじゃないよ。高慢なんだもん」となりますね。

Q 12

busboyとは
ある職業の呼び名ですが、
どんな職業のことでしょう?

❶
映画のスタントマン

---

❷
レストランの皿洗い

---

❸
バスの車掌

難易度

Ⓒ

A12 正解 ❷ ●この問題の得点 ③点

レストランの皿洗い

　busboy（女性は busgirl）とは、ウェイターやウェイトレスの助手として働く「給仕見習い」を指す言葉で、皿洗いも彼らの大切な仕事となっています。

　アメリカでは客が食べ終わった皿を、給仕見習いがワゴンを押して客席を回りながら回収する光景をよく見かけます。このワゴンを人を乗せるバスに見立てて、テーブルからテーブルへとワゴンを押して回る給仕見習いのことを busboy, busgirl と呼ぶようになったのです。

　ちなみに、選択肢（3）の「バスの車掌」は、bus toll collector です。toll は「料金」、collector は「徴収人」という意味の単語です。

　また、英語には paperboy, papergirl という言葉もあります。paper は newspaper の paper です。paperboy は「新聞配達の少年」、papergirl なら「新聞配達の少女」ということになります。

Q 13

earwax とは
何のことでしょう?

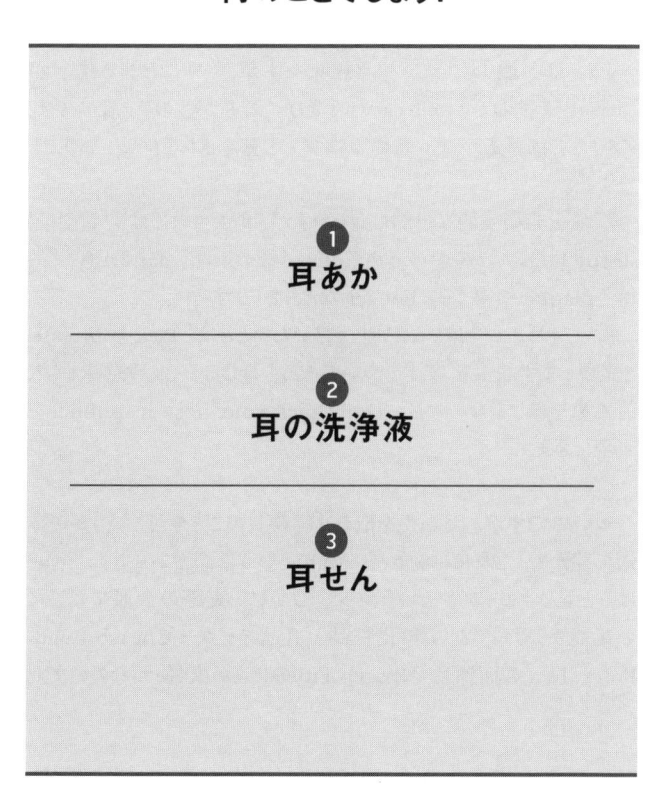

❶ 耳あか

---

❷ 耳の洗浄液

---

❸ 耳せん

難易度

Ⓑ

| Part2 | Chapter2 | 単語の常識 |

A13 　正解 ① 　●この問題の得点 ②点

耳あか

　wax は「蠟（ロウ）」という意味ですが、「耳にたまる蠟」が earwax ですね。つまり earwax とは「耳あか」のことなのです。アメリカでは耳あかは「蠟状の物質」と見なされているということですね。

　ちょっと非衛生的な単語ばかりですが、似たものには、「目やに」sleepy bugs、「からだのあか」dirt、「頭のふけ」dandruff、「歯垢」plaque、「鼻くそ」booger などもあります。

　また、「耳あかを取りなさい」と言いたいときは、Pick your ears. と表現します。pick は「つついて取る、ほじる」という意味。「人前で鼻をほじるな」なら、Don't pick your nose in public. と表現できます。

　ついでですが、耳あかを取る「綿棒」のことを何というかご存知ですか？　これには cotton swab という単語があります。swab はもともと「モップ」という意味。しかし、実際の会話では、この単語よりも、アメリカの化粧品・食品メーカー Chesebrough-Pon's, Inc. の商標名である Q-Tip のほうが広く使われています。

Q 14

toe jam とは
何のことでしょう?

①
果物のジャム

②
足の指の間のあか

③
靴磨き剤

難易度

Ⓒ

A14　正解 ②　●この問題の得点 ③ 点

足の指の間のあか

　toe は「つま先」という意味ですね。つま先（足の指の間）にたまるあかや汚れをtoe jam と呼びます。「つま先のジャム」なんて、日本人にとってはちょっと気持ち悪い感じの言葉です。
　これに似た汚れには、「つめのあか」もありますね。こちらは the dirt in [under] the (finger) nails と表現します。「つめにあかがたまってるよ」は You have dirty fingernails. と言えばオーケーです。

　もう少しつめの話。「あなた、つめが伸びてるわよ」と言うには、Your fingernails are too long. (あなたのつめは長すぎる)、あるいは You need to trim your fingernails. と表現します。trim は「刈りそろえる」という意味の動詞です。
　ちなみに「つめ切り」は nail clippers、「ヤスリ」は nail file、「マニキュア」は nail polish と言います。

　他の選択肢の解説をしておくと、(1) の果物のジャムは、fruit jam と言います。それから (3) の「靴磨き剤」を選んだあなたは、ちょっと考えすぎでした。これはshoe polisher と表現します。polish は「磨いてピカピカにする」という意味ですね。

Q 15

a big hand（大きな手）と
a little hand（小さな手）が
いっしょにあるところはどこでしょう?

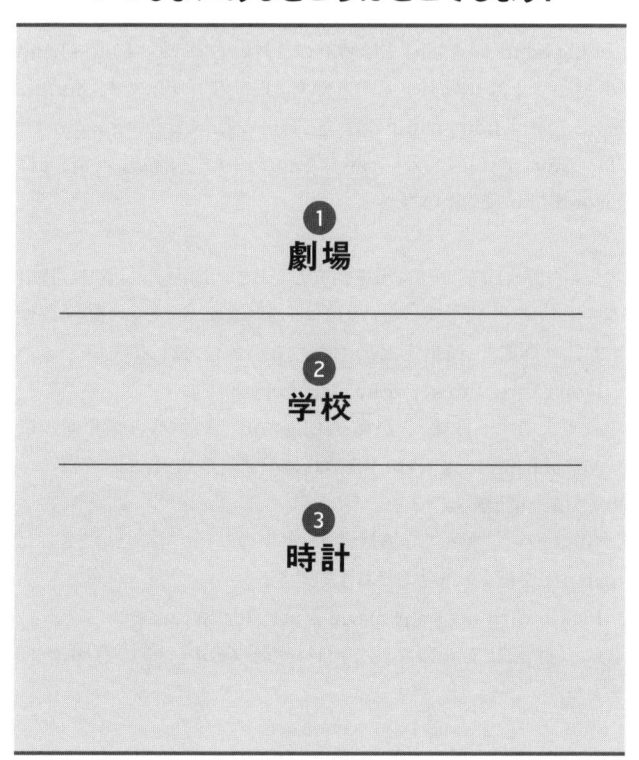

1
劇場

2
学校

3
時計

難易度

Ⓑ

A15

正解 ③ ●この問題の得点 ② 点

時計

　a big hand（大きな手）とは時計の「長針」のこと。a little hand（小さな手）とは「短針」のことです。正式にはそれぞれ minute hand（分針）、hour hand（時針）と言います。また、long hand（長針）、short hand（短針）と呼ぶこともあります。「秒針」のことはsecond handと言います。

　少し目覚まし時計の表現を紹介しておきましょう。「目覚まし時計のアラームをセットする」というには、そのまま set という動詞が使えます。「目覚まし時計をセットし忘れないようにね」なら、
　Don't forget to set your alarm clock.
で大丈夫です。「目覚ましが鳴る」は go off というフレーズを使って、
　My alarm clock went off.（ぼくの目覚ましが鳴った）
のように表現します。
　もうひとつ、「鳴っている目覚ましを止める」と言いたいときにはturn off を使うのも覚えておきましょう。
　Please turn off your alarm clock. It's Saturday.
なら、「目覚ましを止めてよ。今日は土曜なのよ」という意味になりますね。

Q 16

practicing doctor とは
どんな医者のこと?

1
開業医

2
研修医

3
手術を担当する医者

難易度

Ⓑ

A 16　正解 ①　●この問題の得点 ② 点

開業医

　practice という単語が入っているのでどうしても「練習中の医者：医学生」だと思ってしまいがちな表現ですが、実際は practicing doctor で「開業医」という意味なのです。practicing は「実際に従事して、開業して」といった意味。practitioner とも言います。
　ちなみに研修医は intern（インターン：医学校を卒業した研修医）、resident（レジデント：インターン終了後、専門分野を学ぶ研修医）などと呼ばれます。このほかにも、surgeon「外科医」、physician「内科医」、obstetrician「産科医」、pediatrician「小児科医」くらいまでは覚えておくようにしたいものですね。

　医者のほかに、弁護士についても practicing を使って、practicing lawyer ということができます。
　He is a practicing lawyer.
と言えば、「彼は弁護士事務所を開業している」という意味になります。
　また、practice という単語は名詞として「診療所、弁護士事務所」という意味でも使えます。医師や弁護士が
　I set up my own practice.
と言ったら、「わたしは自分の診療所（弁護士事務所）を開いた」という意味になります。

Q 17

sideburns って何のこと?

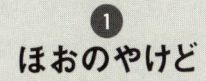

1 ほおのやけど

2 脇腹の傷

3 もみあげ

難易度
C

| Part2 | Chapter2 | 単語の常識 |

A 17

正解 ③ ●この問題の得点 ③ 点

もみあげ

　burn だけなら「やけど」という意味ですが、sideburns になると「短いほおひげ、もみあげ」という意味になってしまいます。南北戦争の北軍の将軍 Burnside が生やしていた「バーンサイドひげ（burnsides）」の burn と side をひっくり返してできた言葉（アナグラム）です。burnsides とは、ほおひげと口ひげを続けて生やし、あごひげを剃ったタイプのひげのことを言います。ほかにも英語にはいろいろな「ひげ」の呼び方がありますから、いっしょに覚えてみましょう。

burnsides

sideburns

mustache
口ひげ

beard
あごひげ

whisker
ほおひげ

stubbly beard
無精ひげ

　ついでにもう少し、顔にある毛の種類をあげておくと、eyebrows（まゆげ）、eyelashes（まつげ）、nose hair（鼻毛）などもありますね。あなたはいくつ知っていましたか？

Q 18

nighter は和製英語?
それとも本来の英語?

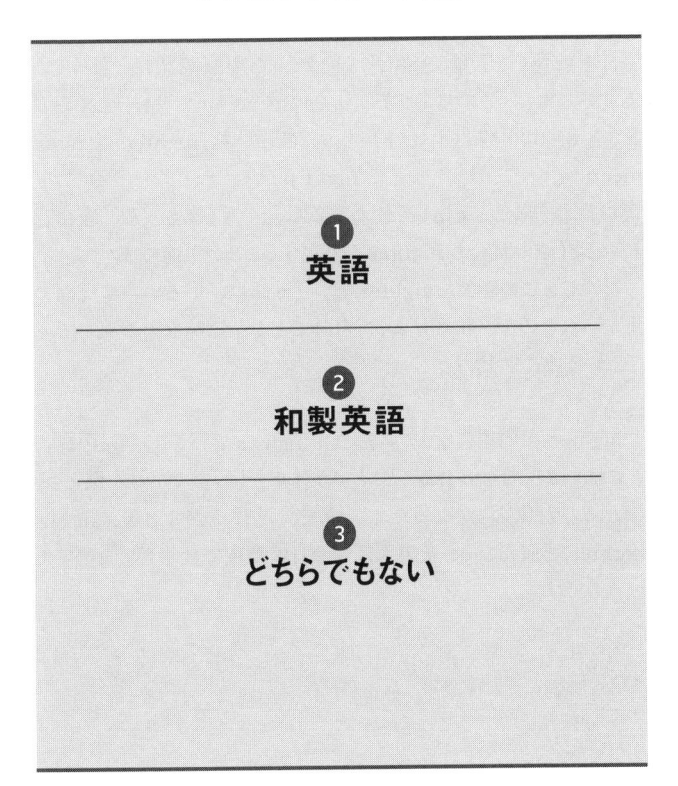

1
英語

2
和製英語

3
どちらでもない

難易度

Ⓑ

| Part2 | Chapter2 | 単語の常識 |

A18 正解 ① ●この問題の得点 ②点

英語

　日本の多くの人は nighter（ナイター）を和製英語だと思っていますが、実はそうではありません。インターネットでサーチしてみたところ 85,000 件以上ヒットがあったほどです。nighter は night meeting（ナイト・ミーティング）、night party（ナイト・パーティ）など、夜に行われることを指して使われる単語です。もちろん、夜に行われる野球の試合も nighter と表現することが可能です。

　ただし、このように nighter という単語は、いろいろな場面で用いられるので、状況によって自分でどんな意味なのか判断することが必要になります。

　nighter の応用になりますが、all-nighter という単語もあります。これは「徹夜で行われること」という意味をもつ言葉です。例えば、ほとんど人気のなくなったオフィスで、だれかが I have an all-nighter. と叫んだら、その人は「今日は徹夜で仕事だ」と嘆いているのです。

Q 19

teeter-totter とは
何ですか?

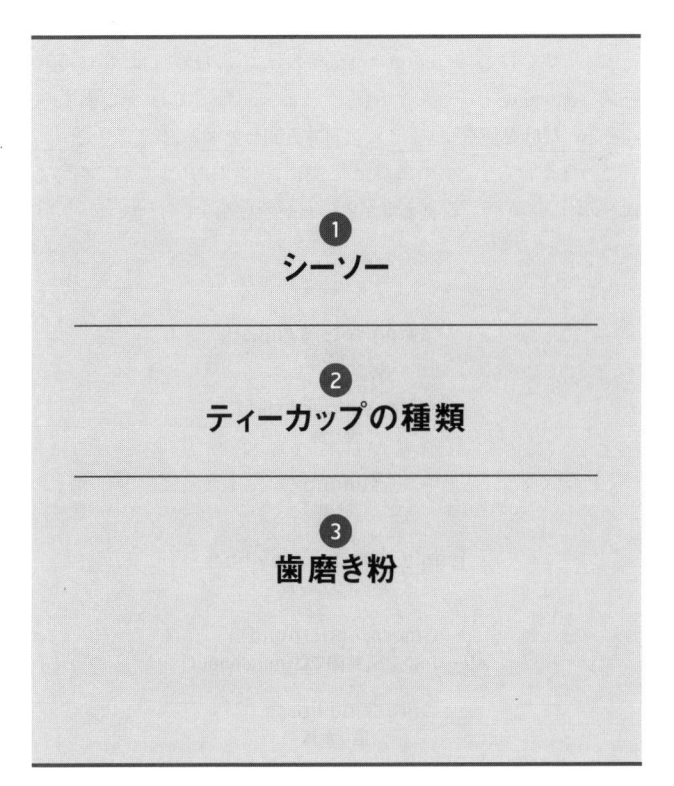

1
シーソー

2
ティーカップの種類

3
歯磨き粉

難易度

Ⓑ

A 19　正解 ①　●この問題の得点 ② 点

シーソー

　アメリカではこの teeter-totter のほかに日本でおなじみの呼称、seesaw（シーソー）も使われます。英国では少し異なり、seesaw だけを使います。これは日本と同じですね。
　このほかにも子どもの遊具は公園にたくさんありますが、皆さんはどのくらい英語で言えますか？　チェックしてみてください。

・・・

swing sets, swings
ブランコ

slide, slippery slide
滑り台

sandbox
砂場

jungle gym, monkey bars
ジャングルジム

merry-go-round
メリーゴーランド［英国ではroundabout］

rocking horse
揺り木馬

Q 20

Mickey Mouse computer とは何ですか?

1
かわいいコンピューター

2
壊れたコンピューター

3
安っぽいコンピューター

難易度

Ⓒ

A20 正解 ③ ●この問題の得点 ③ 点

安っぽいコンピューター

　個人的には Mickey Mouse に恨みなどないのですが、アメリカ英語の口語表現で、Mickey Mouse が形容詞的に用いられると「安っぽい」という意味になってしまいます。

　あまりにもたくさんの商品のキャラクターとしてライセンスされたため、「どこにでもある、ごく普通の、安っぽい」という意味の形容表現として使われるようになったようです。

　このほかにも、ディズニーのキャラクターは、アメリカ英語の中では、いい意味にもあまりよくない意味にも、さまざまに用いられます。いずれにしても、ディズニーが有名だからこそのことですね。

　少しほかの例も見てみましょう。

・・・

Dumbo＝バカな、ドジな、間抜けな
He's a dumbo.
あいつは間抜けだよ

Bambi eyes＝子鹿のバンビのように愛らしい目
She has beautiful bambi eyes.
彼女の瞳はバンビみたいにきれいだ

goofy＝まぬけな、とんまな
Don't be so goofy.
お前まぬけだなあ

snow-white＝雪のように真っ白な
She wore a snow-white dress.
彼女のドレスは雪のように真っ白だった

Peter Pan＝大人になれない
You're suffering from Peter Pan Syndrome.
君ってピーターパン・シンドロームだよ

Q 21

Uncle Sam とは
だれのことですか?

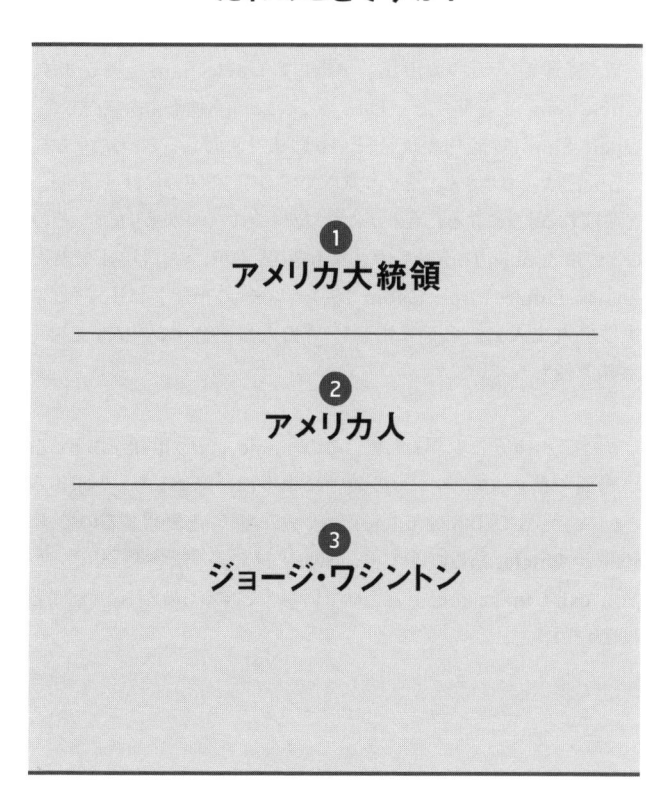

1
アメリカ大統領

2
アメリカ人

3
ジョージ・ワシントン

難易度

Ⓑ

A21　正解 ②　●この問題の得点 ② 点

アメリカ人

　ごく普通の「アメリカ市民」を指して Uncle Sam と呼びます。Uncle Sam を省略すると U.S. となることから使われ始めました。Uncle Sam は「アメリカ政府」という意味で使われることもあります。

　uncleは「おじさん」という意味ですが、アメリカには Uncle...と呼ばれるようになったものがこれ以外にもいくつかあります。そのひとつに Uncle Tom という言葉もありますが、これはストウ夫人の小説 Uncle Tom's Cabin『アンクルトムの小屋』に出てくる忠実な黒人主人公の名前に由来し、「白人に迎合する黒人」という意味で使われています。

　また、アメリカの少年たちは、この uncle という単語をおもしろい場面で使います。ケンカの最中に相手に「降参しろ」と求めるときに、英語では Say uncle.（おじさんと呼べ）と表現するのです。相手が Uncle. あるいは I give up. と言えば「降参」、No. とか You can't make me. と言えば「降参などするものか」ということになります。

Q 22

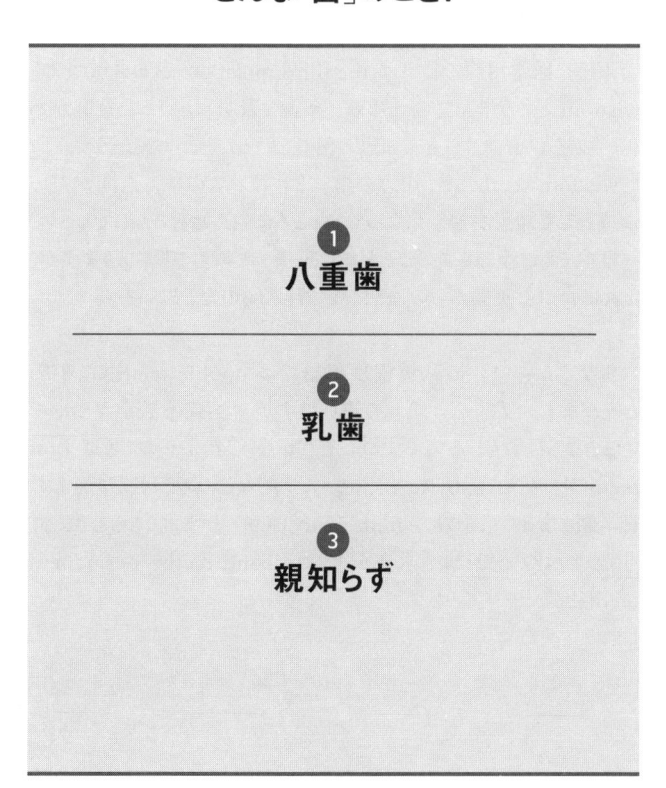

wisdom teeth ってどんな「歯」のこと?

① 八重歯

② 乳歯

③ 親知らず

難易度

Ⓑ

A22 正解 ③ ●この問題の得点 ②点

親知らず

　正確に医学用語で言えば、the third molar（第三大臼歯）ですね。wisdom という単語には「知恵、知識、賢明」といった意味がありますから、直訳すると「知恵の歯」といったところでしょうか。

　wisdom teeth が「知恵の歯」と呼ばれるのは、人間がだいぶ成長して知恵が豊かになってきたころに生え始めるからでしょう。

　日本でも、親知らずのことを「知恵歯」と呼ぶことがありますが、これはたぶん英語からの直訳が定着したものだと思います。

　ちなみに、（1）の八重歯は英語では double teeth（二重歯）と呼びます。「八」と「二」の違いですが、どちらも数字がついているところはおもしろいですね。それから、「乳歯」のことは first teeth（最初の歯）、baby teeth（赤ちゃんの歯）などの呼び名があります。日本語とまったく同じに、milk teeth（乳歯）と呼ぶこともあります。もうひとつついでに、「永久歯」は second teeth、permanent teeth と言います。

column 6

「おやすみなさい」の英会話

Good night.(おやすみ)
というフレーズを眠る前の挨拶にしか使えないと思っている日本人は多いでしょう。しかし、これはベッドに入る前だけではなく、会社から帰宅するときなど、どこかから帰るときにも、それが夜なら使ってもかまいません。
要するに Good night. という言葉は、厳密には「おやすみ」という意味だけではなく「さようなら」「お疲れさま」という意味にもなるということなのです。夜に会社を出て家路につくときに、同僚に向かって、
Good night.(じゃあね)
とひとこと声をかけてもOKです。

もうひとつ、この Good night. に似た表現で、ネイティブがよく使うものに、
Good night, sleep tight.
という言い方があります。こちらは、「ぐっすりおやすみ」という意味で、床に就こうとしている人に向かってかけてやるひとことです。
tight は「しっかりとピンと引っ張った」の意で、昔欧米のベッドはロープを張ってマットレスを支えていたところからこのような言い方が生まれたといわれています。この決まり文句には、
Sleep tight.(ぐっすりおやすみ)
Sleep tight. Don't let the bedbugs bite.(ぐっすりおやすみ。南京虫に噛まれぬように)
Good night, sleep tight, a big hug and a kiss good night.(ぐっすりおやすみ、抱きしめておやすみのキスを)
といったバリエーションもありますから、一緒に覚えておきましょう。

Chapter 3

熟語の常識

日本人にはなかなかむずかしい熟語表現を
クイズにまとめました。
知らないとさっぱり相手の言うことがわからない熟語や、
間違って使うととんでもないことに
なってしまいそうな熟語まで、
さまざまなバリエーションの問題に
チャレンジしてください。

Q 23

He's gone to a better place.
と言った場合、
その人はどうなったのでしょう?

1
外国へ行った

2
亡くなった

3
結婚した

難易度

Ⓑ

| Part2 | Chapter3 | 熟語の常識 |

A23

正解 ②　●この問題の得点 ② 点

亡くなった

　アメリカの有名な作詞・作曲家であるフォスター（Stephen Collins Foster:1826-64）の作品に "Old Black Joe" という歌がありますが、その中にもこの表現に近いフレーズが出てきます。これは綿花畑で働いたアフリカン・アメリカン労働者のことを歌った曲ですが、彼が死んでしまうことを gone from the earth to a better land（地上からさらによい土地［天国］へ行く）と表現しています。

　go to a better place も go to a better land もともに、「苦しい人生を生き抜いた人が、やっと天国で安らかな眠りについた」というニュアンスで使われます。

　このほかにも「人が死んでしまった」ことをやわらかく表現するために使われるフレーズとしては、pass on あるいは pass away などがあります。これらはいずれも「亡くなる」という日本語に訳すことが可能です。例えば、

　I'm sorry to tell you this, but your mother has passed on.
と言えば、「お気の毒ですが、お母様がお亡くなりになられました」という意味になります。

Q 24

red-eye flight とは何のことでしょう?

❶ 高所恐怖症

❷ 夜間飛行

❸ 飲酒運転

難易度

Ⓐ

A24 正解 ② ●この問題の得点 ① 点

夜間飛行

　red eye は「赤い目、充血した目」という意味です。仕事などで夜遅くまで起きていると、目が充血してきます。そこから red-eye flight は、「夜間飛行便、夜行便」という意味で用いられます。また「夜行列車」のことを red-eye と呼ぶこともありますので、ついでに覚えておきましょう。

　アメリカでは、目が充血している人に対して、

　You'd better close your eyes or you'll bleed to death.（目を閉じないと出血多量で死んじゃうよ）

というジョークをよく言います。bleed to death は「死ぬまで出血する」ということですね。

　少し違いますが、「酒を飲んで充血した目」のことは bloodshot eyes（血走った目）と呼びます。ちなみに、(3) の選択肢の飲酒運転は、drunk driving（酔っぱらい運転）と表現するのが普通です。また、(1) の高所恐怖症は、acrophobia と言います。

Q 25

It sounds Greek to me. っていったいどういう意味?

1
外国語はわかりません

2
あなたの言っていることが
全然わかりません

3
あなたの言い回しは古くさい

難易度

Ⓐ

| Part2 | Chapter3 | 熟語の常識 |

A25 正解 ❷ ●この問題の得点 ① 点

あなたの言っていることが全然わかりません

　Greek は「ギリシャ語」です。直訳すると「わたしにはギリシャ語のように聞こえる」となります。しかし、そういう意味ではないのです。Greek は、口語では「ちんぷんかんぷん、まったく意味不明の」という意味で用いられます。It sounds (like) Greek to me. と言えば、「あなたの言っていることはギリシャ語のようで、まったく意味がわからない」という意味になります。英語圏の人にとって、ギリシャ語というのはなかなか習得できないむずかしい言語だからでしょうか。Greek の代わりに、Hebrew（ヘブライ語）を使って、It sound Hebrew. と表現することもあります。

　ほかにも、「わけのわからないことを言う」という意味の gibber という言葉から転化した gibberish や babble（幼児などがバブバブと話す言葉）などでも置き換えが可能です。
　もう少し日本人にわかりやすい言葉で言い換えると、
　It sounds like nonsense.（まったく意味不明に聞こえたよ）
あるいは
　I felt like I was in a foreign country.（外国にいるような気がしたよ）
といった表現も可能です。

Q 26

It's not worth a hill of beans.
と言うと
どんな意味ですか?

❶ まったく価値がない

---

❷ 量が少ない

難易度

Ⓐ

A26　正解 ①　●この問題の得点 ① 点

まったく価値がない

　アメリカではbeans（豆）はもっとも安い食べ物の代表格とされています。hill of beans は「山のようにたくさんの豆、山ほどもある豆」ということですね。しかし、安いものがいくら山ほどあっても、やはり大した価値はありません。この、「山ほどの豆」というフレーズも、「価値のないもの」を象徴的にあらわしているのです。
　ですから、It's not worth a hill of beans. は「豆の山ほどの価値もない」、つまり「まったく価値がない」ということなのです。It's not worth a bean. と、hill of のつかない言い方もあります。

　もちろん「価値がない」ということをあらわすのに、もっと普通の言い方もあります。例えば、
　It's not worth much.（あまり価値がないね）
という表現も可能ですし、
　It's not very valuable.（それほどの価値はないね）
とも言えます。しかし、これらの表現を使った場合はあまりインパクトがなく、手ぬるい感じに響きます。やはり話し言葉には勢いがあったほうがいいですよね。

Q 27

I want those shoes in the worst way.
ってどういう意味?

①　もっと安い値段でその靴が買いたい

②　その靴を左右反対に履きたい

③　ものすごくその靴がほしい

難易度
Ⓑ

A 27 正解 ③　●この問題の得点 ②点

ものすごくその靴がほしい

　in the worst way は、直訳では「最低の方法で」となりますが、これは実は「心の底から、ものすごく〜したい」という意味の慣用句なのです。want...in the worst way なら「喉から手が出るほど〜がほしい」という意味になります。

　これに似たものに badly という単語を使う方法もあります。badly はもともと、「悪く」という意味なのですが、

　I badly want those shoes.（とてもその靴がほしい）

という文では、「とても、非常に」という意味で使われています。本当に英語って不思議な言葉ですね。

　ちなみに選択肢（2）の「その靴を左右反対に履きたい」は、

　I want to wear my shoes on the wrong feet.

となります。選択肢（1）の「もっと安い値段でその靴が買いたい」は

　I want those shoes, only at a cheaper price.（もっと安い値段でなら、その靴がほしい）

と表現できますね。

Q 28

get a pink slip とは
どんな意味ですか?

①
ピンクのスリップをプレゼントされる

---

②
経営が赤字になる

---

③
会社を解雇される

難易度
C

A 28 正解 ③　●この問題の得点 ③ 点

会社を解雇される

　どこからきた表現かは定かではないけれども、この get a pink slip というフレーズは「解雇される」という意味で用いられます。多くの研究者によると、ある会社が労働者を解雇するときにピンク色の伝票を手渡したことが、この表現の始まりだと言われています。ほかにも、ピンクには pierce（突き刺す）あるいは stab（刺す）という意味があり、解雇すなわち労働者を stab する（刺す）slip（伝票）という意味で、この言葉が用いられるようになったという説もあります。

　ドイツにも、den blauen Brief bekommen（get a blue letter：青い手紙を受け取る）という表現があり、やはり解雇されることをあらわします。また、類例では、フランスの cartouche jaune（yellow paper：黄色い紙）という言葉もあります。これは「軍の除隊」を意味しますが、日本では「赤紙」という言葉が「軍の召集令状」という意味で戦争中に用いられていたことをご存知の方も多いでしょう。

Q 29

have black eyes とは、どういう意味でしょう?

①
黒い瞳をしている

②
目の周りにあざができている

③
ものを見る目が鋭い

難易度

Ⓒ

A29 正解 ❷ ●この問題の得点 ③ 点

目の周りにあざができている

　よく、日本人が「日本人の瞳は黒いんだよ」という意味で、We have black eyes. という言葉を使っているのを耳にします。しかし、これは間違いです。これでは「日本人全部、目の周りに青あざがある」ことになってしまいますから、気をつけましょう。black eyes というのは、殴られたりして目の周囲にできた「青あざ」のことを指す言葉なのです。

　アジア人やアフリカ人、ネイティブアメリカンなどの瞳の色は dark brown eyes と表現しますから、間違えないように覚えてくださいね。以下にそのほかの代表的な瞳の色を、わかりやすいように俳優の例をあげて紹介しておきます。

・・・

Blue eyes [青い瞳]
　Paul Newman（ポール・ニューマン）
　Tom Hanks（トム・ハンクス）

Green (violet) eyes [緑（青紫）の瞳]
　Elizabeth Taylor（エリザベス・テーラー）
　Drew Barrymore（ドリュー・バリモア）

Brown [茶色の瞳]
　Mariah Carey（マライア・キャリー）
　Julia Roberts（ジュリア・ロバーツ）

Hazel [うす茶色（ハシバミ色）の瞳]
　Harrison Ford（ハリソン・フォード）
　Kate Winslet（ケイト・ウィンスレット）

Q 30

IOU とは どんな意味ですか?

1
あなたを愛しています

2
あなたに借りがあります

3
あなたのことを怒っています

難易度

Ⓑ

A 30　正解 ❷　●この問題の得点 ❷ 点

あなたに借りがあります

　設問の IOU は、アルファベット読みにすれば「アイ・オウ・ユー」となります。これを正しく英語で綴ってみると I owe you. となりますね。owe は「借りがある、負っている」という意味ですから、I owe you. で「わたしはあなたに借りがあります」という意味になります。

　アメリカでは、友だちからお金を借りるときに手書きで借用書を書くとしたら、いちばん上にこの IOU を書き込み、その次にだれに借りがあるのか、いくら借りがあるのか、いつ借りたのかを書き入れ、最後に署名を加えるのが普通です。

　これは正式な契約書ではありませんが、アメリカではこの借用書をもとに裁判が行われることもあります。また、正式な契約書であれば、IOU の代わりに Contract と書き入れます。

　このように略語で表記されるほうが普通になっている言葉の例をいくつかあげておきます。

・・・

radar［レーダー：速度違反取り締まり用のレーダー］
　→radio detecting and ranging
scuba［スキューバ：潜水用の水中呼吸器］
　→self-contained underwater breathing apparatus
UFO［ユーフォー：未確認飛行物体］→unidentified flying object
NASA［ナサ：アメリカ航空宇宙局］→National Space Administration
laser［レーザー：レーザー発射装置］
　→light amplification by stimulated emission of radiation
Zip［ジップ：郵便番号、ジップコード］→zone improvement plan
PO box［ピー・オー・ボックス：私書箱］→Post office box
IV［アイ・ヴィー：点滴］→intravenous

column 7

知らない人に話しかけられたら

　私の生徒の鈴木さん（仮名）が体験した話です。アメリカ旅行に初めて出かけたときのこと、あるビルで見知らぬアメリカ人女性とエレベーターに乗り合わせました。女性がとても積極的に彼に話しかけてくれるので、「自分に気があるのではないか」と思い始めたそうです。エレベーターが上昇するにつれて次第に確信を深め、「これは逆ナンに違いない」と思いこんでしまった鈴木さん、あるフロアで降りた彼女を追いかけて、時間があったらお茶でも飲まないかと声をかけてみました。しかし彼女は、さっきの熱心な感じとはうって変わって冷たい視線を鈴木さんに向けて去ってしまったそうです。

「先生、英語が間違ってましたか？」と彼から質問されましたが、そうではありません。
　実は、アメリカ人は公共の場所でとてもよく人に話しかける国民です。これを鈴木さんは知らなかったばかりに失敗してしまったのです。アメリカ人の認識では、公共の場イコール危ないところ。外では酔っぱらわないし、ひょいとカバンを手放すこともありません。他人を信用せず、自分の身の安全は、自分で守るのが基本なのです。そのため、アメリカ人は、相手が安全な人物かどうかを確認するために見知らぬ人に話しかけます。反対にいえば、話かけられているのにニコリともしないで無視していては、怪しまれる可能性すらあるのです。みなさんも、アメリカで知らない人に声をかけられたときは、快く応えるようにしましょう。

Chapter 4

日常生活の常識

たとえばあなたは、アメリカにある道路標識を
いくつ知っていますか?
ひとつも見たことがない、という方も多いでしょう。
ここでは、アメリカや英国に住んでいれば
当然誰もが理解しているもの、
しかし初めてそれらを見たり聞いたりする
外国人にはちんぷんかんぷんなものを中心に集め、
クイズに仕立ててあります。
さあ、想像力の出番です。

Q 31

Jack met Mary on the street.
と聞いたとき、メアリーの職業は
何かわかりますか?

---

❶
秘書

---

❷
キャンペーンガール

---

❸
売春婦

難易度

Ⓒ

| Part2 | Chapter4 | 日常生活の常識 |

A31 正解 ③ ●この問題の得点 ③ 点

売春婦

　まず meet という単語が「会う」という意味だと勘違いしている方が多いと思います。meet は日本語の「見かける」に近い意味で使うのが普通で、「会って話をする」という意味では使いません。「会って話をする」と言いたいときには、

　I won't have enough time to meet with you today.（今日は君に会って話をする時間はないよ）

のように with を後ろにつけて表現します。ですから、Jack met Mary on the street. という文は「メアリーを道端で見かけた」という意味になるのです。

　しかし、met...on the street という言い方は、意味深長です。日本でも同じですが、女性がひとりで道端に立っているのを見かけたら、皆さんは何だと思うでしょう？　そう、実は、この meet on the street という言い方は、相手が売春婦だということを示す決まり文句なのです。「売春婦」を、英語では street walker と表現することがあります。ほかにも street がつく単語で、あまりよくない意味になってしまう単語がたくさんありますので、その中から代表的なものをいくつか紹介しておきましょう。

● ● ●

street kids
ホームレスの子ども

street drug
麻薬

street vendor
露天商

Q 32

Bill needs professional help. というとき、ビルはだれの助けを求めているのでしょう?

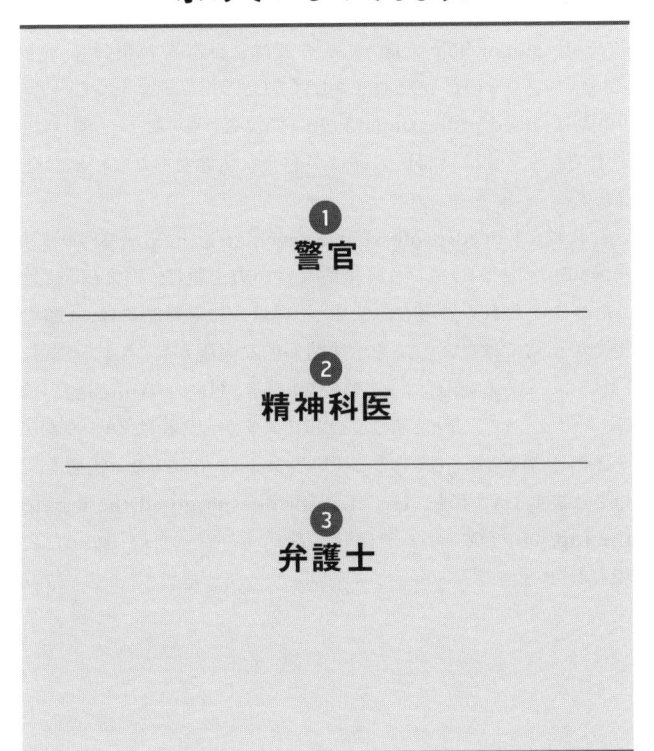

①
警官

②
精神科医

③
弁護士

難易度

Ⓒ

| Part2 | Chapter4 | 日常生活の常識 |

A 32　正解 ② ●この問題の得点 ③ 点

精神科医

　professional help と聞いただけでは、日本人の多くは、いったい何のプロなのだろうと首をかしげてしまうでしょう。しかし、アメリカ人は、need professional help（プロの助けが必要だ）と聞けば、だれでも必ず「精神科医の助けが必要な状態なんだな」とピンときます。

　これは、I need professional psychiatric help.（専門の精神科医の助けが必要だ）という直接的な言い方を避け、遠まわしに言うために使われる表現なのです。そのほかにも英語には、「頭の働きが正常ではない」ことを示す間接的な表現がたくさんあります。「あいつ、おかしいんだよ」と言いたいとき、He's a fruitcake.（彼はフルーツケーキだ）などと言うことがありますが、これはフルーツがケーキの中でぐちゃぐちゃになっている（mixed up された）状態を想像させます。ほかにも、His elevator doesn't go all the way to the top.（あいつのエレベーターは最上階まで昇らないんだよ）といった表現もあります。

Q 33

a buck と言えば、
何ドルのことですか?

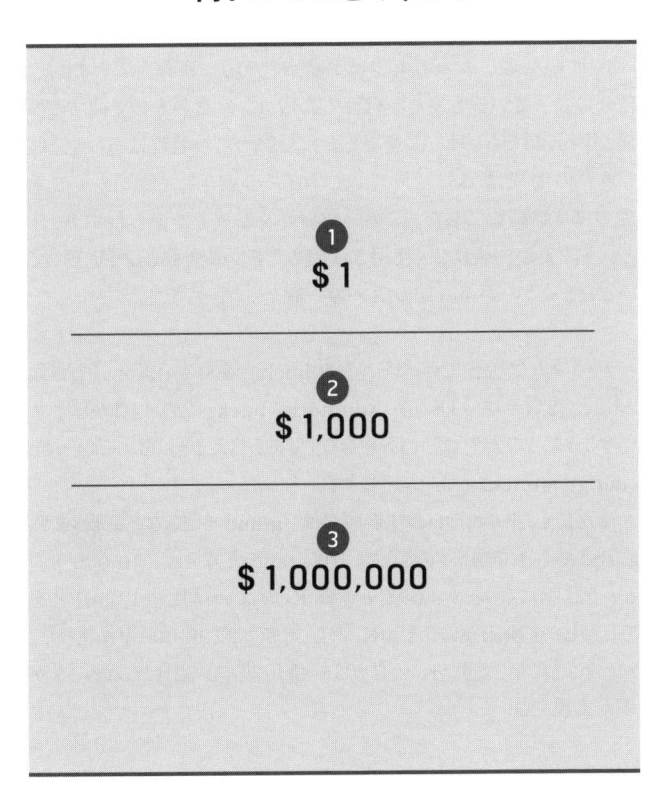

1
$ 1

2
$ 1,000

3
$ 1,000,000

難易度

Ⓑ

| Part2 | Chapter4 | 日常生活の常識 |

A33 正解 ① ●この問題の得点 ②点

$1

　19世紀初頭、シカの毛皮はお金の代わりに使われていました。自分の持っている毛皮とネイティブアメリカンの食料とを交換する場面が西部劇でもしばしば登場します。「雄ジカ」の毛皮は buck、「雌ジカ」の毛皮は doe と呼ばれ、サイズの大きな「雄ジカ」の毛皮のほうが高価でした。この「雄ジカの毛皮」をあらわす buck という言葉が、後に広く使用され始めたドルの別称として定着していったというのが buck の由来の一説として有名です。

　アメリカ人は現在でも「1ドル」を buck と呼んでいます。例えば、a buck と言えば「1ドル」、a hundred bucks なら「100ドル」ということになりますね。「1ドルをくずしてもらえる?」を、Can you change a buck? と言ったりします。

　ほかにも、ドルをあらわす表現には、grand や K などがあります。grand は、1,000ドルのことで、10 grand と言えば、10,000 ドルという意味になります。もうひとつの K のほうも同じく 1,000ドルをあらわし、I borrowed 100K. なら、「ぼくは100,000 ドル借りた」ということになります。K のほうは経済用語として用いられることが多い表現です。

Q 34

back seat driver とは
どんな人ですか?

1
文句の多い同乗者

2
地図を見てくれる同乗者

3
チャイルドシートの幼児

難易度

Ⓒ

# A34 正解 ① ●この問題の得点 3点

文句の多い同乗者

　back seat は「自動車の後部座席」という意味です。back seat driver はそのまま訳すと「後部座席の運転手」となります。後部座席にいるのに、運転手ってどういうことでしょう？　実は、「運転は人まかせにして、後部座席にふんぞり返って文句ばかり言っている人」をこのように呼ぶのです。

　また、これは車の運転に限った表現ではなく、口出しばかりして、実際にはまったく仕事に協力しない人についても使われます。例えば、「彼女って文句ばかり言ってるわりに、自分では何もしないのよ」と言いたいのなら、She is a back seat driver. と一言で、ちゃんと伝わります。

　もうひとつ、これに似た表現に Monday night quarterback というのがあります。アメフトのNFL（National Football League）シーズン中、ABC テレビが毎週月曜夜に試合の模様を放映しますが、この放送の最中にテレビ画面に向かって大声で叫び、プレイヤーにあれこれと指示を出す人のことをこう呼ぶのです。転じてこちらも、何もしないで口出しばかりしている人という意味に使われます。

Q 35

あなたには、何人の great-grandparents がいるでしょう?

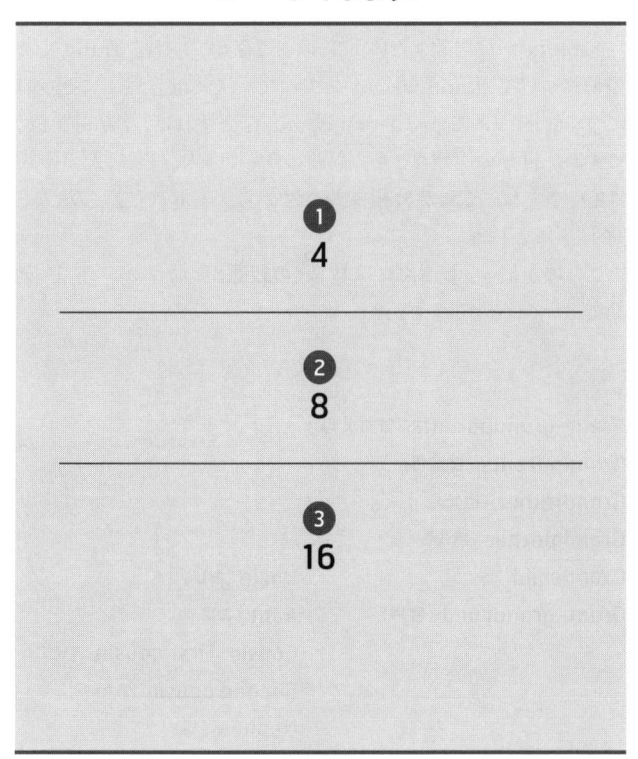

① 4

② 8

③ 16

難易度

Ⓐ

A35　正解 ❷　●この問題の得点 ① 点

8

　parents が「両親」ということは、ご存知ですね。grand をその前につけて grandparents とすれば「祖父母」。さらにその前に great をつけて great grandparents とすれば、「曾祖父母」ですね。自分の両親は2人、両親の両親は4人、その4人の両親は8人ですね。これが曾祖父母ですから、正解は（2）の8人ということになります。

　このほかにも、皆さんには数多くの親類がいますが、さて、英語ではいくつわかりますか？

● ● ●

Great-grandparents（曾祖父母）
Grandparents（祖父母）
Grandfather（祖父）
Grandmother（祖母）
Grandchild（孫）
Great-grandchild（曾孫）

Uncle（おじ）
Aunt（おば）
Cousin, First cousin（いとこ）
Second cousin（またいとこ）
Nephew（甥）
Niece（姪）
Father-in-law（義父）
Mother-in-law（義母）
Brother-in-law（義兄弟）
Sister-in-law（義姉妹）

Q 36

このsign（サイン=標識）は
どういう意味だかわかりますか？

```
PED
XING
AHEAD
```

❶
ペドキシン倉庫につき注意

---

❷
前方に横断歩道あり

---

❸
体育学博士優先

難易度

Ⓑ

A36 正解 ❷ ●この問題の得点 ❷ 点

前方に横断歩道あり

　どんな言葉の省略かがわかれば問題なく正解だったと思います。pedestrian crossing ahead の省略だったわけですね。pedestrian は日本語に訳すと「歩行者」、crossing は「横断歩道」という意味。XING の X は cross だったのです。

　このほかにも、いくつか「横断歩道」の標識がありますので紹介しておきましょう。アメリカで自動車に乗る予定の皆さん、ぜひ覚えておきましょう。

Q 37

次の単語は下の3つの選択肢の
どれに関係のあるものでしょう?
John, powder room, the white throne

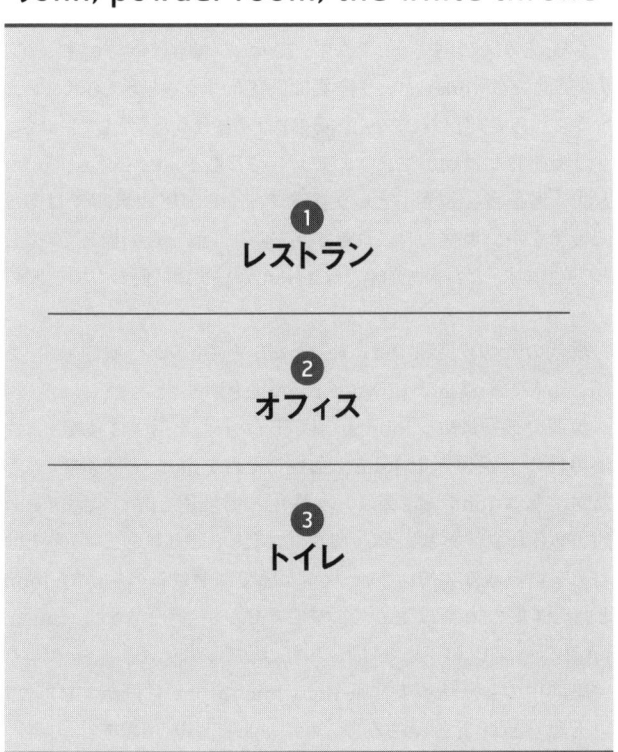

1
レストラン

2
オフィス

3
トイレ

難易度

(A)

| Part2 | Chapter4 | 日常生活の常識 |

A 37 正解 ③ ●この問題の得点 ① 点

トイレ

　ちょっとカンタンすぎましたか？　72ページでも書いたように、アメリカ英語では toilet という言葉は直接的すぎると考えられていますから、あまり使われません。その代わりに使う言葉として、いくつもの婉曲的な表現が生まれました。もちろん toilet 自体も、もともとは「化粧台、鏡台」という意味ですから、婉曲表現ではあったのですが、現代ではこれをさらに別の言葉で言い換えていることになります。ただし、英国では toilet がいまだに使われています。

　現代のアメリカ英語では、restroom を使うのが一般的です。さらに上品に言うときは powder room を使います。
　設問の最初にある John も、広くトイレ一般を指す言葉です。昔は男性の公衆便所を John、女性のそれを Jane と呼んでいましたが、今は John と言えば、女性用・男性用を問わず、トイレ一般をあらわす言葉となっています。ただし、これはあまり丁寧とは言えない表現なので、フォーマルな場では避けるべきです。John という言葉の由来は定かではありませんが、もともとは Cousin John（いとこのジョン）と呼ばれていたようです。
　設問中のもうひとつの言葉 the white throne は直訳すれば「白い玉座」となります。もちろんこれは「便器」のことですね。

Q 38

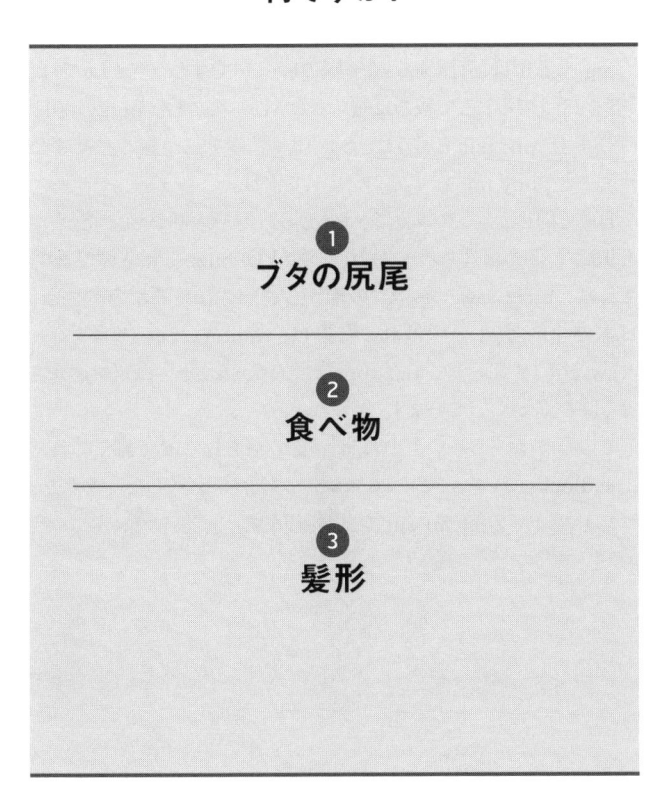

piggy tail とは何ですか?

1 ブタの尻尾

2 食べ物

3 髪形

難易度

Ⓑ

A38 正解 ❸ ●この問題の得点 ②点

髪形

　piggy tail は、直訳すると「子豚のしっぽ」ですね。アメリカでは、「髪を三つ編みにして後ろに垂らすおさげ」のことを piggy tail と呼びます。pig tail と言うこともあります。髪を三つ編みにせずに束ねると pony tail（ポニー・テール）ですね。

　日本と同じようにアメリカにもおもしろい髪形の呼び名がたくさんあります。例えば「スポーツ刈り」のことは buzz cut と呼びます。これは、buzz saw（丸ノコ）の形から連想された呼び名ですね。日本で「角刈り」と呼ばれる髪形は、military cut（軍隊カット）、crew cut（船員カット）、flat top（航空母艦）などと、海軍を連想させる呼び名がついています。

　このほかおもしろいものには、髪の毛を縮らせて細く束ねた dreadlocks（「レゲエ」という意味もあります）、すっきりした「サラリーマン・カット」の clean cut などがあります。

Q 39

Xマークは英語では
どんな意味がありますか?

①
成人映画

---

②
不正解

難易度

Ⓑ

A39 正解 ① ●この問題の得点 ② 点

成人映画

　最近では新しい基準ができ、正式には X と表記することはありませんが、いまだに映画の宣伝などでは、インパクトのある XXX といった表記をよく見かけます。XXX になると「非常に猥雑な内容の、ポルノグラフィックな映画」のことを指します。

　現在アメリカでは、CARA（The Classification and Rating Administration: 映画分類基準審査委員会）による、映画についての基準が定められており、次のようなレーティングがなされています。

• • •

G＝GENERAL AUDIENCES
（一般向け）［すべての年齢に適している］

PG＝PARENTAL GUIDANCE SUGGESTED
（両親の同伴をすすめる）［子どもには適さない内容を含む］

PG-13＝PARENTS STRONGLY CAUTIONED
（両親への強い警告）［13歳以下の子どもには不適当な内容を含む］

R＝RESTRICTED
（規制）［17歳以下は両親や大人の同伴が必要］

NC-17＝NO ONE 17 AND UNDER ADMITTED
（17歳以下不許可）＊NC は no children の略。

Q 40

XYZと言えば、
どんな意味になるでしょう?

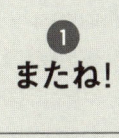

❶ またね!

---

❷ チャックが下がってるよ

---

❸ 超かわいい!

難易度

Ⓒ

A 40　正解 ②　●この問題の得点 ③ 点

チャックが下がってるよ

　選択肢だけ見ても、ちょっと想像がつかないかもしれませんね。

　なぜ「チャックが下がってるよ」がXYZかというと、これはExamine your zipper.（ジッパーを確認しなさい）というセンテンスを縮めたものだからなのです。

　英語には、このように口語的なフレーズを縮約した略語がいくつもあります。例えば、(1)の選択肢にあがっている「またね!」は英語で、See you! ですが、これをCUと表現したり、選択肢（3）の「超かわいい!」＝pretty darn cute をPDQと言ったりします。ちなみにこのPDQはpretty darn quick（直ちに、即座に）という意味でも使われますので、どちらも覚えておいてください。

　このほか、as soon as possible（できるだけ早く）を短くしたASAPなどは、日本でもおなじみのフレーズになっていますね。

column 8

"How are you?" と問われて "Fine, thank you." は Not cool!

How are you?（こんにちは、ご機嫌いかが?）
Fine, than you.（ええ、ありがとうございます）

このやりとり、ちょっと前まで中学校教科書の定番だった言い方です。しかし、こんなふうにあいさつするネイティブはめったにいません。

How are you? も、その返事の Fine, thank you. も、機械的でよそよそしく、温かみに欠ける挨拶なのです。日本語に置き換えて考えると、「こんにちは」「ああ、どうも」という感じです。顔を合わせた手前、しかたなく挨拶しているといった印象で、相手への気持ちが全然こもっていません。

いつも顔を合わせる友人や同僚と挨拶を交わすのなら、
How are you doing?（調子はどう?）
How's everything going?（いろいろとうまくいってる?）
Are you keeping busy?（忙しくしてる?）
といった生き生きとした表現がおすすめです。返事を返すときも、
Pretty good.（調子いいよ）
Really good.（すごくいいよ）
Not bad at all.（すごくいいよ）
などの、気さくな言い方で応じるのがいいでしょう。
また、ちょっと顔を合わせなかった人に久しぶりに出会ったときには、
How have you been?（元気にしていた?）
It's been a long time.（ごぶさたでしたね）
のように声をかけます。

Chapter 5

英語文化の常識

所変われば品変わる。
ものの呼び方、生活の習慣、
ルールなどが国ごとに違うのは当然ですね。
文化的背景が異なるために理解がむずかしい物事や、
異文化の交流で生まれた言葉、
あるいは日本人のあまり知らない
アメリカ文化の常識などを中心にしたクイズをお届けします。
以下の問題がすべてクリアできれば、
あなたもかなりの異文化研究家といえるかもしれません。

Q 41

Harri-kerri の意味は?

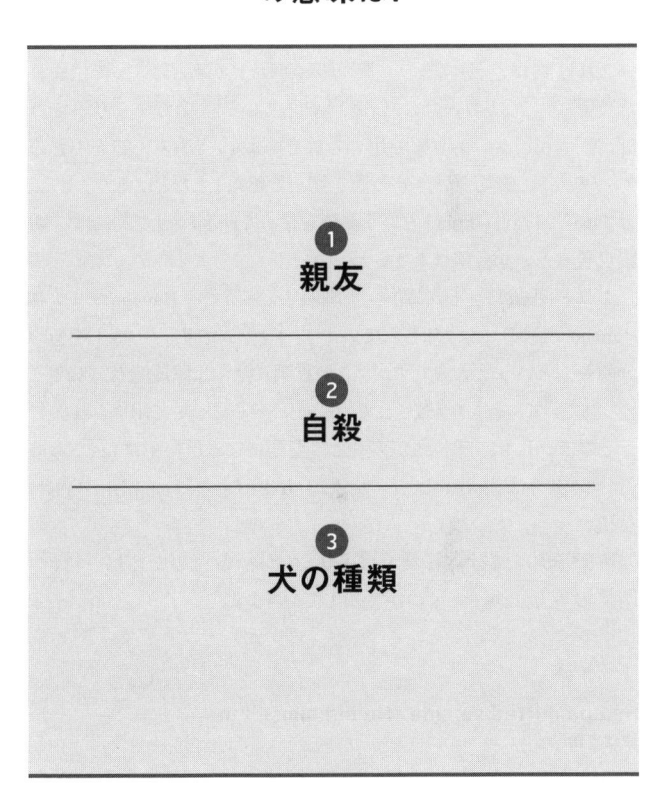

1 親友

2 自殺

3 犬の種類

難易度

Ⓑ

| Part2 | Chapter5 | 英語文化の常識 |

A 41

正解 ❷ ●この問題の得点 ❷ 点

自殺

　これは実は、日本語の「腹切り（切腹）」がもとになって生まれた英語で、アメリカ人ならだれでも知っている言葉です。英語では「自殺」suicide の意味で用いられています。もちろんほとんどのアメリカ人は、腹切りが自分の腹を切って死ぬことだとは知りません。ですから、Harri-kerri という言葉を使っているアメリカ人には「切腹自殺」という感覚はありません。

　これと同様に、日本語の「班長」（英語では Hancho あるいは Honcho と表記）もよく知られています。「チームのリーダー、（軍隊の）分隊長」といった意味ですが、この言葉には少し侮蔑的な意味がこめられていて、あまり尊敬されていないリーダーについて用いられます。

　そのほかにも、日本語が変化して英語になった言葉はたくさんあります。例えば、karaoke（カラオケ）、sushi（寿司）、sashimi（刺身）など。

　あまり知りたくない言葉ではありますが、参考のために「自殺」関係の英語表現をいくつか紹介しておきます。

・・・

He committed suicide./He did himself in.
彼は自殺した

He hung himself.
彼は首吊り自殺した　＊hung himself は自分を吊すという意味。

He gassed himself to death.
彼はガス自殺した　＊gas は「ガスを吸い込ませる」といった意味。
　　　　　　　　　それを to death（死ぬまで）行うのだから、
　　　　　　　　　「ガス自殺」という意味になるのです。

Q 42

招待状に RSVP と書いてありました。どういう意味ですか？

①
お返事をお願いいたします

②
お早めにおいでください

③
ブランデーの種類

難易度
Ⓑ

A 42　正解 ①　●この問題の得点 ② 点

お返事をお願いいたします

　Repondez s'il vous plait. の略なのです。これはフランス語ですが、英語の招待状でもよく使われる言い回しです。repondez は「返事する」、s'il vous plait は「どうぞ、お願いします（please）」という意味ですから、Repondez s'il vous plait.で「お返事ください、お返事をお願いします」ということになりますね。日本でも時折、招待状などで見かけることがあります。

　もうひとつ、パーティの招待に関係のある略語、BYOB を紹介しておきましょう。これは Bring Your Own Bottle.（ご自分のボトルを持参）を短くしたもの。パーティの主催者がお酒や飲み物を出さないときに、招待客が自分の好きな飲み物を持参するのです。
　また、アメリカでは、パーティに誘われたときは、とりあえず誘ってくれた人に対して、
　Would you like me to bring something?（何か持っていこうか?）
とたずねる習慣があります。こうたずねられたパーティの主催者は、
　Just bring yourself.（カラダひとつでおいでよ）
とか、
　You don't need to bring anything.（何もいらないわよ）
などと返事をします。特に何か持ってきてほしいときには
　Maybe you could bring some wine.（そうね、ワインなんか少し持ってきてもらえるかなあ）
といった返事をすることもあります。

Q 43

「四季」を英語で言うときは、どの順番が正しいでしょうか？

①
spring, summer, fall, winter

②
winter, spring, summer, fall

③
summer, fall, winter, spring

難易度

Ⓑ

A 43　正解 ② ●この問題の得点 ②点

winter, spring, summer, fall

　日本語では「春夏秋冬」の順に言いますが、英語で「四季」を順に述べるときは、「冬」から始めて「春」「夏」「秋」という順で表現します。ですから、(2)のwinter, spring, summer, fallが正解。西欧では「冬」がいちばん最初のシーズンなのです。

　ためしにアメリカ人をつかまえて、季節を春から始めて「春夏秋冬」の順で言ってもらってみてください。たぶん途中でつっかえてうまく言えないはずです。日本人も「冬春夏秋」の順ではうまく言えませんよね。

　ちなみに、古代ローマ暦では1年は 10カ月で現在の3月（ローマ暦では Martius）が1月でした。後に Julius Caesar（ジュリアス・シーザー）がユリウス暦を制定したときに、年の初めに今でいうJanuary と February（古代ローマではそれぞれJanuarius, Februrius）をつけ加え、1年を12カ月としましたが、今でもこの名残として、9月～12月は、それぞれ「7番目の月」September（sept=seven）、「8番目の月」October（oct=eight）、「9番目の月」November（nov=nine）、「10番目の月」December（dec=ten）と2カ月ずつ繰り下がったままの呼称が用いられています。

　英語にはほかにも、日本語と語順の異なるものがたくさんあります。Ladies and gentlemen（紳士と淑女）、upper right（右上）、upper left（左上）、lower right（右下）、lower left（左下）などがそうです。おもしろいですね。

Q 44

アメリカで幽霊を見るとしたら、絶好のシーズンはいつでしょう?

①
spring

---

②
summer

---

③
fall

---

④
winter

難易度

Ⓒ

| Part2 | Chapter5 | 英語文化の常識 |

A 44

正解 ③　●この問題の得点 ③ 点

fall

　日本ではお化けと言えば夏に出るものですね。夏はテレビの特集番組などでも幽霊さんたちは大忙しです。しかし、アメリカでは、幽霊と言えば秋が旬です。木々の枯葉が落ち始め、植物が死滅していく秋のイメージを死のイメージと重ね合わせているのだろうと思います。

　特に、西欧のお化けと言えばハロウィーンの扮装が思い浮かびますが、これも季節は秋、10月31日にあたります。

　ハロウィーンの習慣は、古くはケルト民族の習俗に端を発すると言われています。ケルトの人々は、10月31日の夜だけは、霊の世界と生きている人々の世界の区別がなくなり、霊魂に身体を乗っ取られることがあると考えていました。そこで、自ら、魔女や悪魔の格好をして悪霊を近づけないようにしたのだそうです。この習慣はアイルランド人が大西洋を越えアメリカへの移民を始めてから新大陸にも広がりました。

Q 45

Robert のニックネームは次のどちらですか?

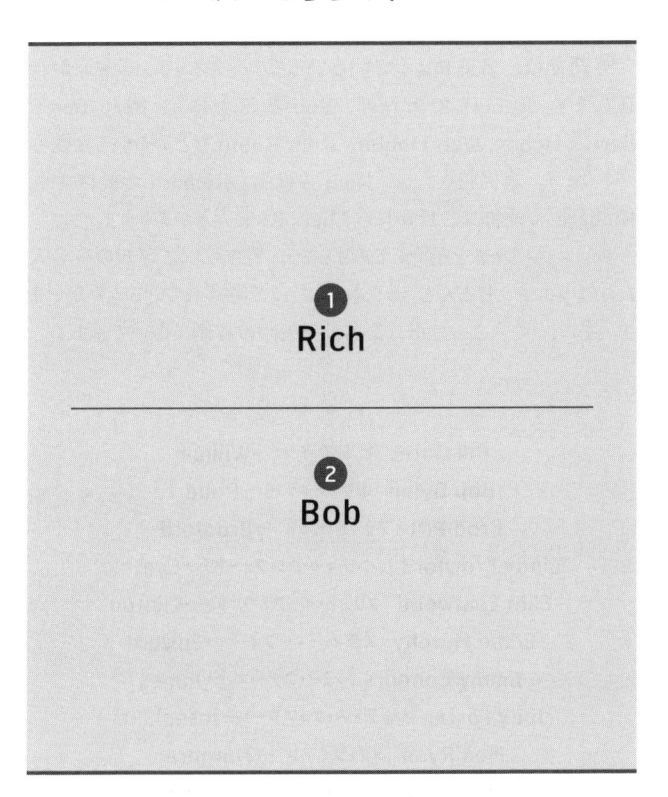

①
Rich

---

②
Bob

難易度

Ⓑ

| Part2 | Chapter5 | 英語文化の常識 |

A 45　正解 ❷　●この問題の得点 ❷ 点

Bob

　英語では、名前によっていろいろなニックネーム（愛称）が存在します。Robert であれば、Bob のほかにも、Bert, Berty, Bertie, Bobby, Dob, Dobbin, Rob, Robin などいろいろな愛称があります。選択肢（1）の Rich のほうは Richard の愛称です。Richard の愛称は、ほかにも Dick, Rick などがあります。

　少しニックネームを紹介してみましょう。皆さんよくご存知の有名人たちの中には、ほとんどニックネームだけで呼ばれている人々がいます。逆に、その人たちの正式な名前を矢印の右側に書いてみました。

● ● ●

Bill Gates（ビル・ゲイツ）→William
Bob Dylan（ボブ・ディラン）→Robert
Brad Pitt（ブラッド・ピット）→Bradford
Cindy Crawford（シンディー・クロフォード）→Cynthia
Clint Eastwood（クリント・イーストウッド）→Clinton
Eddie Murphy（エディー・マーフィー）→Edward
Jimmy Connors（ジミー・コナーズ）→James
Jody Foster（ジョディー・フォスター）→Josephine
Meg Ryan（メグ・ライアン）→Margaret
Mickey Mouse（ミッキー・マウス）→Michael
Ted Turner（テッド・ターナー）→Theodore
Tom Cruise（トム・クルーズ）→Thomas

Q 46

アメリカ人と英国人から同時に「a billion yenであなたを雇うよ」と言われたら、どちらの会社で働きますか?

❶ アメリカ人の会社

---

❷ 英国人の会社

難易度

Ⓒ

A 46 正解 **両方**　●この問題の得点 **3** 点

　アメリカ英語では one billion は10億（1,000,000,000）をあらわします。しかし、昔、英国では one billion を1兆（1,000,000,000,000）という意味で使っていました。現代では英国でも次第にアメリカ式が優勢になってきましたが、この billion は時に非常に混乱を招く表現なのです。

　もし経営者が英国紳士で、それもかなりの年齢なら（2）を選んだほうが賢明かもしれません。でも、英国紳士が1兆円と10億円のどちらの意味で one billion という言葉を使ったのかはっきりしない限り、正解がどちらかは決められません。よって、この問題はどちらも正解とします。

　さて、あなたは次に列記する数の単位のうち、どこまでを知っていますか？　わたしはもう頭の中がごちゃごちゃです。

・・・

Trillion（1兆）
1,000,000,000,000

Quadrillion（1000兆）
1,000,000,000,000,000

Quintillion（100京）
1,000,000,000,000,000,000

Sextillion（10垓）
1,000,000,000,000,000,000,000

Septillion（1杼）
1,000,000,000,000,000,000,000,000

Octillion（1000杼）
1,000,000,000,000,000,000,000,000,000

Nonillion（100穣）
1,000,000,000,000,000,000,000,000,000,000

Decillion（10溝）
1,000,000,000,000,000,000,000,000,000,000,000

Q 47

American coffeeを発明したのはどこの国の人?

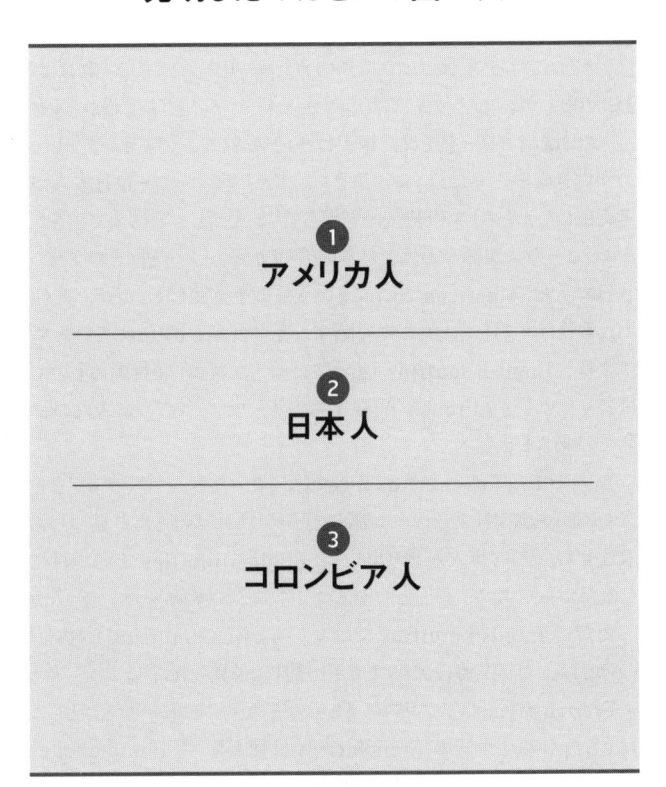

❶ アメリカ人

❷ 日本人

❸ コロンビア人

難易度

Ⓑ

| Part2 | Chapter5 | 英語文化の常識 |

A 47 正解 ❷ ●この問題の得点 ❷ 点

日本人

　アメリカに行って、カフェで「アメリカンコーヒー」を注文すればよくわかりますが、アメリカ人にはアメリカンコーヒーの意味はわかりません。たぶんオーダーを受けた相手はきょとんとして、何をオーダーしたのか聞き直してくるに違いありません。アメリカンコーヒーは日本人が考え出したオリジナル和製英語だからです。ただし、アメリカで出されるコーヒーの味が薄いのは、日本のアメリカンコーヒーと同じですが。

　日本人は American coffee という言葉を発明しましたが、アメリカ人も負けず劣らず、食べ物に関する変な言葉を創り出しています。例えば、English muffins（イングリッシュ・マフィン）は英国のものではありませんし、French fries（フレンチ・フライ）もフランス人の命名ではありません。

　英国で English muffins が食べたくなったら、マクドナルドなどアメリカから進出したチェーン店に行かなければほとんど見つけられません。アメリカ人が創り出して、English muffins と名づけたものだからです。

　ただし、English muffins ではなく、もともとの muffins（マフィン）のほうは、英国でも、アメリカでも一般によく見られます。

　French fries はフランスにもちゃんとありますが、呼び方としてはもちろんアメリカ式の French fries は使われず、pomme frites（ポム・フリット＝揚げたジャガイモ）などと呼ばれています。

English muffins　　**muffins**　　**French fries**

Q 48

アメリカでは、車の運転免許は何歳で取得できるようになる?

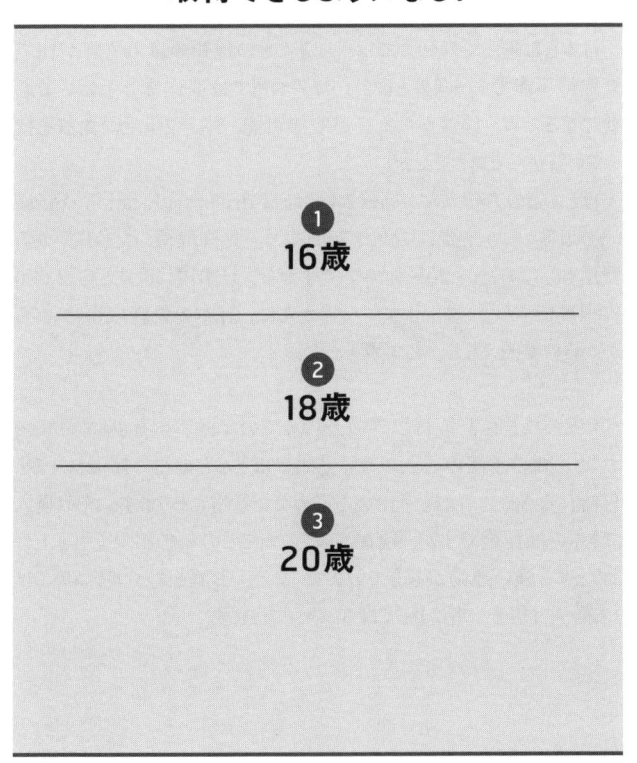

①
16歳

---

②
18歳

---

③
20歳

難易度

Ⓑ

| Part2 | Chapter5 | 英語文化の常識 |

A48　正解 ❶　●この問題の得点 ② 点

16歳

　日本とは違ってアメリカでは、ほとんどの種類の車の免許が16歳で取得可能です。例外として、アイダホ州では農作業の手伝いで必要になるため、14歳から免許が取得可能。中学2年生が免許を持っているなんて驚きでしょう。

　ほとんどのアメリカ人が高校2年の時に driver's education course（免許取得コース）を受けて免許を取ります。免許取得のためにかかる費用も、だいたい 20ドルくらいですから、日本円に直すと約 2,000円程度ですんでしまいます。アメリカ人に、日本の免許取得にいくらかかるのか教えると、必ず驚きますよ。

　ちなみに、免許取得以外のアメリカでの年齢制限を少し紹介しておくと、親の承諾の必要のない結婚はほとんどの州で16歳になると可能になります。14歳や18歳と定めている州もあります。銃が購入できるのは18歳ですが、現在、多くの州でこの年齢制限を引き上げようとする強い運動が起きています。また、お酒とタバコについては18歳〜21歳と、州によってばらつきがあります。

Q 49

Whoと鳴く鳥は
次のうちどれでしょうか?

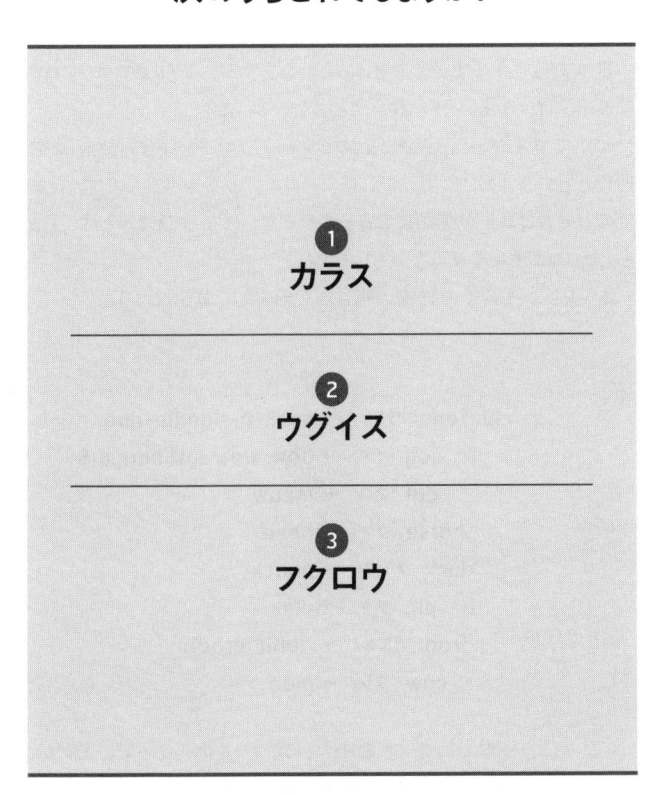

---

①
カラス

---

②
ウグイス

---

③
フクロウ

難易度

Ⓑ

A 49

正解 ③ ●この問題の得点 ② 点

フクロウ

　日本では「ホーホー」などとあらわしますが、アメリカではフクロウはWho（だれ）という声で鳴くことになっています。

　ついでですがpeep（のぞき見、のぞき見る）という鳴き声の鳥もいます。何だと思いますか？　実はこれは「ヒヨコ」の鳴き声なんです。日本での「ピヨピヨ」が英語になると「のぞき」になってしまうとは、ちょっとヒヨコがかわいそうな気もしますね。

　もう少し、英語での動物の鳴き声を紹介しておきましょう。

・・・

chicken（ニワトリ）→ cock-a-doodle-doo
dog（イヌ）→ bow, wow, ruff, bark, arf
cat（ネコ）→ meow
horse（ウマ）→ heee
duck（アヒル）→ quack
pig（ブタ）→ oink
frog（カエル）→ ribbit, croak
cow（ウシ）→ moo

　ちなみに、日本ではキツネの鳴き声は「コン」となっていますが、アメリカではキツネがどう鳴くかは決まっていません。また、アメリカ人の多くはゾウの鳴き声もうまく表現できません。おもしろいですね。

Q 50

英語では、緑(green)は何を象徴する色でしょう?

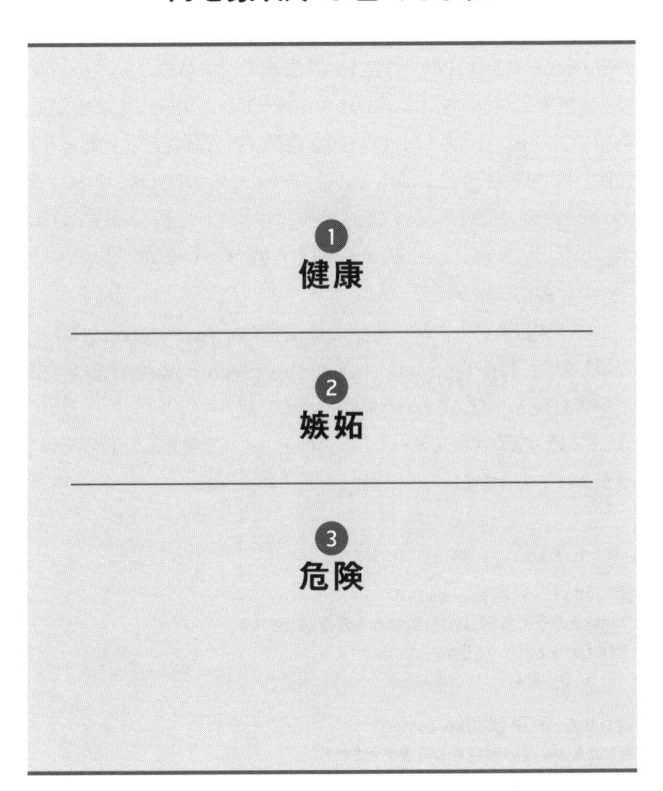

1
健康

2
嫉妬

3
危険

難易度

Ⓑ

| Part2 | Chapter5 | 英語文化の常識 |

A 50

正解 ②　●この問題の得点 ② 点

嫉妬

　green（緑色）は日本ではとても健康的で、すがすがしいイメージのある色ですが、英語ではあまりいいイメージがありません。なぜなら、英語では「緑色」は（2）の嫉妬を象徴する言葉だからです。

　例えば She is green with envy.（彼女は嫉妬で緑色になっている：彼女は強い嫉妬心を抱いている）のように使います。ほかにも green には「新米」とか「半人前」といったイメージもあります。やはりあまりいいイメージではありませんね。

　これは少し違いますが、英語では信号の「青」も green（緑）と表現します。The light has changed to green now. と言えば「信号が青に変わったよ」という意味ですね。

　このほかの基本色のイメージの一部と、それを生かした表現をいくつかあげておきます。

・・・

黄(yellow)→ **臆病**(coward)
chickenの子であるヒヨコの黄色からの連想とされる。
［例］**Don't be yellow.**
　　　びびるなよ

青(blue)→ **憂鬱**(depression)
疲れたときの青い顔色からの連想とされる。
［例］**I'm feeling kind of blue today.**
　　　今日はちょっと憂鬱なんだ

赤(red)→ **怒り**(anger)
怒ったときの真っ赤な顔色からの連想とされる。
［例］**He was red with anger.**
　　　彼は怒りに燃えていた

以上で50問すべて終了です。
各問のあなたの得点を合計してみましょう。
その数字が、あなたの現在のEQです。

EQが低いからといって悲観することはありません。
これからの英語学習をどうするかの
目安として役立てましょう。
次のページに、EQのレベルによる英語力診断と
学習へのアドバイスがあります。
それを参考にして、英語の力を伸ばしていってください!

Q1	Q11	Q21	Q31	Q41
Q2	Q12	Q22	Q32	Q42
Q3	Q13	Q23	Q33	Q43
Q4	Q14	Q24	Q34	Q44
Q5	Q15	Q25	Q35	Q45
Q6	Q16	Q26	Q36	Q46
Q7	Q17	Q27	Q37	Q47
Q8	Q18	Q28	Q38	Q48
Q9	Q19	Q29	Q39	Q49
Q10	Q20	Q30	Q40	Q50
小計	小計	小計	小計	小計

得点合計

点　▶▶▶▶▶▶▶▶ 診断 ▶

EQレベル別
英語力診断＆アドバイス

EQ80以上のあなた
●すぐにでもアメリカへ渡りましょう

ほぼネイティブレベルの実力です。
すぐにでも荷物をまとめてアメリカに旅立ってください。
アメリカの人々があなたを
温かく迎え入れてくれることでしょう。

EQ60〜79のあなた
●さらに異文化について学びましょう

ネイティブの日常感覚に近づいています。
さらに異文化体験を重ね、
英語のこまかなニュアンスを身につけることを
心がけてください。
あなたのキーワードは「異文化理解」です。
自分の興味のある分野の本を、
英語で読んでみましょう。

EQ40〜59のあなた
●ネイティブの気持ちを理解しましょう

がんばり屋のあなたは、いろいろな語学教材などで
英語について多く学んだと思います。
しかし、ネイティブの感覚を身につける
トレーニングはまだまだ不十分。
英語の中に隠れているネイティブの感覚・感性を
身につける学習にトライしましょう。

EQ20〜39のあなた
●基本英会話をマスターしましょう

もうひとがんばりですね。
今ひとつのところでくじけることの多かったあなたは、
とにかく努力を惜しまず、
学習を継続することを心がけましょう。
簡単な内容からでも構いませんから、
まずは1冊、英会話の本をマスターしましょう。

EQ0〜19のあなた
●継続は力なり!

あなたは、今まで
英語にはあまり興味がなかったのかもしれませんね。
でも、大丈夫。
勉強はいつでも始められます。
中学校の教科書をながめ直してみるところから
もう一度スタートしてみましょう。

あとがき

　いかがでしたか？　本書を楽しんでいただけましたでしょうか？
　クイズの正解率が低くても、気にすることはありません。あなたはネイティブではないのですから。大切なのは、一度だけではなく、何度でも読み返すことです。そうすることでクイズの正解率もきっとどんどんあがっていき、自然とネイティブの感覚が身についているはずです。
　全問正解になるころには、あなたの英語の表現力は格段に豊かになっているはずです。

　私は日本に来て以来20年以上日本人に英語を教え続けてきましたが、みなさんとてもまじめに英語に取り組んでいる人ばかりです。中学から英語を習い始め、最低でも6年は英語を学んでいるだけあって、基礎的な文法やボキャブラリーは日常レベルの会話をするのには十分すぎるくらい十分に知っています。それなのに、「英語を話す」「使いこなす」「ネイティブとコミュニケーションをとる」と

なると、苦手意識を持ち、人前で話したがらない人がほとんどで、いつも「もったいない」と思います。

　今回ご紹介したフレーズや表現などで、気になったものや印象に残ったものがあればどんどん使ってください。英語は「学問」ではなく、コミュニケーションツールのひとつ。使ってこそ、使い勝手がわかっていくものです。間違いをおそれずにどんどんアウトプットしてください。ネイティブの赤ちゃんだって最初からパーフェクトに話すことはありません。
　そして「好きこそものの上手なれ」とはよく言ったもので、英語を楽しむ、という感覚を覚えてください。いやいやながら取り組んでいると、頭では理解できていてもなかなか実践には結びついていきません。「楽しい」という前向きな姿勢でいると、脳にすっとしみこみ、英語へも積極的に取り組めるはずです。
　本書が少しでもその助けになっていたら、とてもうれしいことです。

　　　　　　　　　　　　　　Many thanks,
　　　　　　　　　　　　　　David Thayne

ディスカヴァー携書 065

ネイティブならそうは言わない　日本人が習わない英語

発行日	2011年6月15日　第1刷
	2011年7月1日　第2刷
Author	デイビッド・セイン ＋ 小池信孝
Book Designer	小口翔平（FUKUDA DESIGN）
Publication	株式会社ディスカヴァー・トゥエンティワン
	〒102-0074　東京都千代田区九段南2-1-30
	TEL　03-3237-8321（代表）
	FAX　03-3237-8323
	http://www.d21.co.jp
Publisher	干場弓子
Editor	千葉正幸 ＋ 藤田浩芳
Marketing Group Staff	小田孝文　中澤泰宏　片平美恵子　井筒浩　千葉潤子
	飯ısı智樹　佐藤昌幸　鈴木隆弘　山中麻吏　西川なつか
	猪狩七恵　山口菜摘美　古矢薫　日下部由佳　鈴木万里絵
	伊藤利文　米山健一　天野俊吉　原大士　井上慎平
	芳賀愛　堀部直人　山﨑あゆみ
Assistant Staff	俵敬子　町田加奈子　丸山香織　小林里美　井澤徳子
	古後利佳　藤井多穂子　片瀬真由美　藤井かおり
	福岡理恵　葛目美枝子
Operation Group Staff	吉澤道子　小嶋正美　松永智彦
Assistant Staff	竹内恵子　熊谷芳美　清水有基栄　小松里絵　川井栄子
	伊藤由美
Productive Group Staff	原典宏　林秀樹　粕谷大介　石塚理恵子　三谷祐一
	石橋和佳　大山聡子　德瑠里香　田中亜紀　大竹朝子
	堂山優子
Digital Communication Group Staff	小関勝則　谷口奈緒美　中村郁子　松原史与志
Proofreader	株式会社文字工房燦光
Printing	凸版印刷株式会社

・定価はカバーに表示してあります。本書の無断転載・複写は、著作権法上での例外を除き禁じられています。インターネット、モバイル等の電子メディアにおける無断転載ならびに第三者によるスキャンやデジタル化もこれに準じます。
・乱丁・落丁本は小社「不良品交換係」までお送りください。送料小社負担にてお取り換えいたします。

ISBN978-4-7993-1025-0
©A to Z, 2011, Printed in Japan.　　　　　　　　　携書フォーマット：長坂勇司